COLLECTION ALBERT COHEN

Économie approfondie

Term ES

PROGRAMME 2012

ENSEIGNEMENT DE SPÉCIALITÉ

Sous la direction de

Cédric Passard et **Pierre-Olivier Perl**

Professeur à l'Institut d'études politiques, Lille

Professeur à l'École nationale de commerce, Paris

Denis Anne
Professeur au lycée Notre-Dame de la Paix, Lille

Selvame Viginie Calviac
Professeur détachée à la faculté de sciences économiques, Poitiers

Mickaël Sylvain
Professeur au lycée Gustave Flaubert, Rouen

Les auteurs et les éditions Bordas remercient vivement
Matthieu Grandclaude
Professeur au lycée Vauban, Aire-sur-la-Lys

éco responsable
Bordas

Programme

Économie approfondie, classe de terminale

Bulletin officiel spécial n° 8 du 13 octobre 2011
Vous retrouverez le programme complet (avec le préambule et les indications complémentaires) dans le livre du professeur et sur le site *www.bordas-ses.fr.*

Thèmes et questionnements	Notions	Acquis de Première
1. Économie et démographie		
1.1 Comment la dynamique démographique influe-t-elle sur la croissance économique ?	Mouvement naturel, mouvement migratoire, population active, épargne, accumulation du capital, cycle de vie.	Équilibre emplois/ressources, allocation des ressources.
1.2 Quel est l'impact des variables économiques et démographiques sur le financement de la protection sociale ?	Répartition/capitalisation, taux de remplacement, ratio de dépendance, incitations pécuniaires, aléa moral, sélection adverse.	Prélèvements obligatoires, production marchande et non marchande, asymétries d'information, relation d'agence, fonctions économiques de l'État, revenus de transfert, solidarité, État-providence.
2. Stratégies d'entreprises et politique de concurrence dans une économie globalisée		
2.1 Dans quelles circonstances les entreprises peuvent-elles exercer un pouvoir de marché ?	Monopole discriminant, barrière à l'entrée, faiseur de prix.	Oligopole, monopole, pouvoir de marché, preneur de prix, coût moyen/marginal, recette moyenne/marginale.
2.2 Quel est le rôle de la politique de la concurrence ?	Abus de position dominante, cartel de producteurs, marché pertinent.	Fonctions économiques de l'État, marchés concurrentiels, marchés imparfaitement concurrentiels, pouvoir de marché.
3. Instabilité financière et régulation		
3.1 Qu'est-ce que la globalisation financière ?	Actifs financiers, devises, intermédiation financière.	Financement direct/indirect, taux d'intérêt, risque de crédit.
3.2 Comment expliquer les crises financières et réguler le système financier ?	Aléa moral, risque systémique, comportement mimétique, régulation.	Asymétrie d'information, risque de crédit, bilan.

© Bordas/SEJER, Paris 2012
ISBN 978-2-04-732909-2

AVANT-PROPOS

L'enseignement de spécialité en économie approfondie qui est proposé aux élèves de terminale ES à partir de la rentrée 2012 doit permettre aux élèves qui le choisiront d'**approfondir leur connaissance de l'analyse économique** par l'étude de quelques grands enjeux contemporains qui correspondent à des mutations structurelles de l'économie mondiale (évolutions démographiques, transformations de l'État-providence, globalisation, stratégies d'entreprises).

L'étude de ce programme est l'occasion de perfectionner la maîtrise des outils analytiques et des modes de raisonnement propres à la science économique.

Le manuel suit strictement la progression du programme. **Il reste fidèle à la démarche des SES** valorisant l'étude par les documents, la pédagogie active et le pluralisme des approches. Ainsi, l'ensemble du manuel est conçu dans l'objectif de permettre une transposition pédagogique adaptée au niveau des élèves, de donner du sens et de développer l'esprit critique.

Organisation du manuel

Structuré autour de trois thèmes essentiels pour comprendre l'économie actuelle (« Économie et démographie », « Stratégies d'entreprises et politique de concurrence dans une économie globalisée », « Instabilité financière et régulation »), **le manuel est composé de six chapitres**. Chacun d'entre eux reprend les questions qui fondent le programme d'économie approfondie. Ils sont décomposés en différents dossiers problématisés qui s'appuient sur les notions du programme et les indications complémentaires pour répondre à la question du chapitre.

En fin d'ouvrage sont regroupés le lexique ainsi que l'index des notions du programme (y compris les acquis de première) et des notions complémentaires.

Organisation de chaque chapitre

Chacun des dossiers du chapitre (cinq par chapitre) correspond à une double page conçue comme une séquence cohérente pouvant être traitée en une séance de cours (1 h 30). Le choix des documents suit **une démarche rigoureuse allant du plus simple au plus complexe :** un document de sensibilisation est suivi de documents d'origine et de statut divers. Chaque double page se termine par une activité de bilan et de synthèse.

Chaque chapitre comprend une double page « **L'essentiel** » pour structurer les connaissances des élèves.

Préparation aux épreuves du bac

Trois pages « **Vers le bac** » sont proposées en fin de chaque chapitre :

- une page d'exercices permettant la vérification des connaissances nécessaires pour les épreuves du bac.
- deux sujets de bac strictement conformes au *Bulletin officiel*, avec quelques conseils méthodologiques.

Les auteurs

SOMMAIRE

Qu'est-ce que l'économie approfondie ?

Comment définir l'économie ? Nous n'avons qu'un seul mot en français là où l'anglais en a deux : « economics », la science des activités économiques, s'oppose à « economy », qui désigne les activités économiques. « L'économie approfondie » est ici une « economics » : elle n'est pas l'approfondissement des faits économiques mais de la science économique.

1. La science économique

Les économistes séparent les activités économiques des autres activités humaines pour en faire une science : ces activités particulières concernent la production et la consommation selon les économistes « classiques ».

Mais, pour les économistes « néoclassiques » du dernier tiers du XIXe siècle, la science économique constitue d'abord une méthode d'appréhension des activités économiques par les calculs coûts-bénéfices qu'effectuent les hommes pour satisfaire leurs besoins. La science économique néoclassique est une méthode qui consiste à « scientifiser » l'homme : l'homme est purement rationnel, un *homo œconomicus* au sens où il combine des moyens logiques pour atteindre une fin. Ainsi, un producteur recherche un profit maximal qu'il pourra atteindre en minimisant les coûts et en cherchant à vendre le plus cher possible.

Dès lors s'affirme une définition mixte de l'économie, respectant à la fois l'objet et la méthode de l'économie. Elle a été formulée en 1948 par l'économiste américain Paul Samuelson (*L'Économique*) : « *L'économique recherche comment les hommes décident, en faisant usage ou non de la monnaie, d'affecter des ressources productives rares à la production, à travers le temps, de marchandises et services variés, et de répartir ceux-ci à des fins de consommation présente et future entre les différents individus et des collectivités constituant la société.* »

Un thème porteur dès le départ

Adam Smith (*Recherches sur la nature et les causes de la richesse des nations*, 1776) est considéré comme le père fondateur de la science économique moderne pour avoir isolé l'objet d'étude de la science économique : la richesse des nations. Par ailleurs, le Français Jean-Baptiste Say, un des premiers lecteurs de Smith, a circonscrit en 1802 la science économique à « *l'étude de la formation, de la distribution et de la consommation des richesses* ». Et la formation des richesses, c'est la production ou *richesse des nations*.

2. La science économique entre doctrine et politique économiques

On peut envisager la pensée économique selon trois dimensions : celle de la doctrine, celle de l'analyse et celle du politique. Le niveau de l'analyse est celui de la science économique, mais celle-ci s'appuie fondamentalement sur une doctrine et propose des solutions de politique économique.

La doctrine économique

Elle désigne une pensée qui est fondée sur des jugements de valeur. À ce niveau, la pensée économique est avant tout normative : une doctrine économique avance des projets de réforme visant à perfectionner le système

pour le rapprocher d'un idéal prédéfini. La doctrine se situe donc davantage dans une logique de l'action que de la connaissance. Elle n'est pas scientifique.

L'analyse économique

Elle désigne les réponses aux questions posées par la doctrine. À ce niveau, la pensée économique est avant tout positive : elle cherche à comprendre et à expliquer les phénomènes économiques jugés essentiels. En ce sens, l'analyse vise à produire de la connaissance et non à se situer directement dans l'action. Elle s'oppose à la connaissance immédiate ou au sens commun parce qu'elle passe par un détour théorique et conceptuel qui lui donne sa spécificité. Elle est une vérité révélée par le travail scientifique. L'analyse commence donc avec l'élaboration de concepts fonctionnant comme instruments de connaissance. C'est le niveau de notre « économie approfondie » !

La politique économique

Elle désigne la mise en œuvre de moyens pour modifier la situation existante ou au contraire la préserver. À ce niveau, la pensée économique est tout entière tournée vers l'action : c'est le moment de la prescription après celui du diagnostic donné par l'analyse économique. Dans nos sociétés où le pouvoir politique est largement centralisé, l'État est ici le principal interlocuteur visé par les économistes.

3. Microéconomie et macroéconomie ?

De la définition « classique » de la science économique par ce qu'elle étudie, il est resté la macroéconomie qui est l'étude des grandeurs économiques (la production, la consommation, l'emploi, le chômage, le déficit commercial, etc.). De la définition « néoclassique » de la science économique par la manière dont elle appréhende les activités humaines, il est resté la microéconomie qui est centrée sur les choix des individus.

De la première définition, les économistes retiennent son actualisation par John Maynard Keynes dans sa *Théorie générale de l'emploi, de l'intérêt et de la monnaie* (1936) dont le message est connu de tout économiste : le pessimisme (ou l'optimisme) des anticipations des entreprises concernant leurs ventes (la demande anticipée) les conduit à réduire (à augmenter) leurs investissements et leurs embauches, et ainsi à déprimer (ou à développer) la demande.

De la seconde définition, les économistes retiennent que les phénomènes économiques résultent de l'agrégation des comportements économiques individuels, résumés à deux : comportement d'offre ou de demande. Le marché est alors ce lieu fictif où l'offre et la demande sont rendues compatibles par un prix d'équilibre.

Quand bien même la science économique étudie la production depuis les « classiques » (*La Richesse des nations*), elle ne le fait donc pas de la même manière selon son paradigme « holiste » keynésien ou son paradigme « individualiste » néoclassique. Mais cette opposition est de plus en plus réductrice.

Ainsi, depuis les années 1970, les économistes recherchent les fondements microéconomiques de la macroéconomie. Pourtant, cette « nouvelle macroéconomie » se divise toujours en deux, entre « nouveaux keynésiens » et « nouveaux classiques ». Si l'outil est unifié, la doctrine keynésienne sous-jacente à la mise en œuvre d'un modèle de la « nouvelle macroéconomie » conduit à des développements différents permettant de retrouver des résultats « keynésiens » et des préconisations de politiques économiques interventionnistes. Pour cela, les keynésiens s'appuient par exemple sur les défaillances de marché, comme l'aléa moral ou l'antisélection.

L'économie est réfutable

Depuis Karl Popper (*La Logique de la découverte scientifique*, 1972), on sait qu'on ne peut pas inférer une proposition générale de propositions particulières : ce n'est pas parce que je vois un cygne noir que tous les cygnes sont noirs ! Ce refus de l'inductivisme rend nécessaire la méthode hypothético-déductive pour faire de la science. Si l'on ne peut pas pour autant prouver qu'une hypothèse est vraie, il est possible en revanche de l'infirmer grâce à une seule réfutation.

Le propre du discours scientifique, dans une logique poppérienne, est ainsi d'être faillible, « falsifiable » et « réfutable », bref de donner lieu à controverse. Cette réfutabilité, au lieu de la certitude, est le prix que les scientifiques doivent payer pour pouvoir continuer à tracer la frontière entre discours scientifique (susceptible d'être vrai) et discours idéologique (se donnant pour vrai sans s'offrir à la controverse).

4. L'économie, une science

L'analyse économique a une structure particulière qui en fait une activité scientifique, contrairement à la doctrine. Partant de l'observation de son objet, elle en propose une interprétation à partir d'une hypothèse soumise à vérification. Ainsi, le processus de connaissance est défini par les trois phases suivantes : observation, interprétation, vérification.

Pour Gaston Bachelard (*La Formation de l'esprit scientifique*, 1938), le scientifique doit bousculer la vérité scientifique jusque-là acceptée par la communauté scientifique. Il est celui qui innove et fait progresser la science : sa vocation est de rechercher la rupture avec la tradition scientifique pour faire avancer la compréhension du monde.

La vision d'un progrès scientifique continu est donc fausse. La pensée scientifique est au contraire marquée par l'existence de paradigmes, c'est-à-dire de référentiels communs et acceptés par la très grande majorité de la communauté scientifique (le paradigme classique d'avant la crise de 1929 ou keynésien après 1945 par exemple), dont la remise en cause ouvre une période de révolution scientifique (les années 1930 ou 1970), qui conduira à l'apparition d'un nouveau paradigme dominant (keynésianisme, monétarisme).

Approfondir l'économie, c'est donc accéder aux savoirs accumulés par la science économique. Certes, une partie de ces savoirs est régulièrement balayée par de nouveaux. Mais il ne s'agit pas d'une « mode ». Il y a bien un savoir qui s'accumule, mais très lentement…

- Pourquoi l'économie étudie-t-elle les phénomènes suivants : le choix du conjoint et la consommation de tabac ?
- Opposez une analyse microéconomique du chômage à son analyse macroéconomique.
- Que signifie la phrase soulignée ?

Thème 1

Économie et démographie

Économie et démographie

Les enjeux

En 2010, la Chine comptait plus de 1,3 milliard d'habitants et son PIB était le deuxième du monde après celui des États-Unis. Qui peut nier que c'est en mettant au travail cette abondante population dans les productions les plus intensives en main-d'œuvre que la Chine a fait décoller son PIB ? La Chine d'aujourd'hui donnerait donc raison à Jean Bodin affirmant au XVIe siècle qu' « il n'y a de richesses que d'hommes ».

Les effets de l'évolution démographique sur la croissance économique sont difficiles à évaluer. Les pays jeunes disposent d'une main-d'œuvre abondante, mais généralement peu formée ; les pays « âgés » bénéficient d'une main-d'œuvre qualifiée, mais souvent rare. Ces populations vieillissantes épargnent mais ces réserves pourraient aussi être utilisées dans les pays jeunes qui manquent d'investissements. L'Europe va connaître des transformations démographiques qui auront un impact économique : en Allemagne, la population devrait ainsi baisser de 10 millions de personnes d'ici à 2050. Ce pays deviendrait alors moins peuplé (et peut-être moins riche) que la France.

Après la Seconde Guerre mondiale se sont mis en place en Europe des systèmes de protection sociale. Désormais, les populations seraient à l'abri de la misère lorsqu'elles ne pourraient pas (maladie, accident, chômage) ou plus (vieillesse) travailler. Mais les personnes de plus de 65 ans ne représentaient que 11,5 % de la population française en 1945 et 16,9 % en 2011. Elles seront 26,2 % en 2050. Il n'y aura plus que deux personnes au travail en France pour prendre en charge un retraité en 2050. Les systèmes de protection sociale peuvent-ils perdurer malgré le vieillissement de la population ?

> « Si fondamentaux sont les problèmes de population qu'ils prennent de terribles revanches sur ceux qui les ignorent »
>
> Alfred SAUVY

Comment la dynamique démographique influe-t-elle sur la croissance économique ?

Chapitre 1

DOSSIERS

Notions du programme

- Accumulation du capital
- Cycle de vie
- Dynamique démographique
- Épargne
- Mouvement naturel
- Mouvement migratoire
- Population active

N'y a-t-il de richesse que d'hommes vieux ?

DOSSIER 1 L'avantage démographique français en Europe

DOC 1 • La pyramide des âges de la population française

POUR COMMENCER

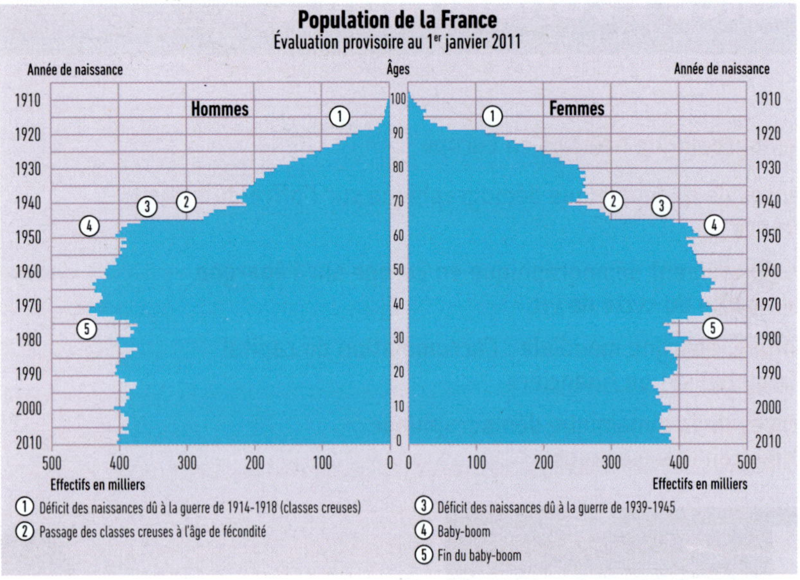

Gilles PISON, « Deux enfants par femme dans la France de 2010 : la fécondité serait-elle insensible à la crise économique ? », *Population et Sociétés*, Ined, n° 476, mars 2011.

QUESTIONS

1. **Lire.** En 2010, combien d'enfants sont nés en France ?
2. **Expliquer.** Pourquoi, selon vous, y a-t-il davantage de femmes que d'hommes dans les générations nées dans la première moitié du XXe siècle ?
3. **Analyser.** Expliquez l'existence de générations nombreuses de la fin des années 1960 à 1973 malgré la faible fécondité.
4. **Déduire.** Pourquoi parle-t-on d'un « papy-boom » en France depuis 2005 ?

DOC 2 • La transition démographique

Le vieillissement démographique est lié à la diminution de la fécondité et à l'allongement de la durée de vie, phénomènes que toutes les régions du monde ont connu ou sont en train de connaître. Dans le régime démographique qui prévalait autrefois, la fécondité était élevée – autour de six enfants en moyenne par femme – et la mortalité aussi. Il naissait beaucoup d'enfants, mais la majorité d'entre eux mourait avant d'atteindre l'âge adulte – 6 sur 10 n'atteignaient pas 20 ans dans la France du milieu du XVIIIe siècle. La mortalité a baissé depuis grâce aux progrès de l'hygiène et de la médecine et au développement économique, et les couples se sont mis à limiter les naissances. Ces changements, qui constituent la *transition démographique*, portent en germe un nouveau régime démographique, avec une fécondité basse – deux enfants en moyenne par femme dans la France du début du XXIe siècle – et une mortalité également basse – seul un nouveau-né sur 100 meurt avant l'âge de 20 ans aujourd'hui. Dans les deux régimes démographiques, les naissances et les décès sont à peu près équilibrés et la population n'augmente pas ou que lentement. Les deux régimes se distinguent cependant par des répartitions par âge très différentes. Le régime ancien s'accompagnait d'une population très jeune, avec près de 44 % de la population ayant moins de 20 ans, et 6 % seulement 60 ans ou plus. Le nouveau régime démographique, à supposer qu'il perdure suffisamment longtemps, conduit à terme à une répartition par âge moins jeune (25 % de moins de 20 ans, et 25 % de 60 ans ou plus). Le vieillissement démographique peut cependant encore se poursuivre si la durée de vie continue de s'allonger. [...] Le vieillissement peut aussi s'accentuer si la fécondité, au lieu de se stabiliser à deux enfants en moyenne par femme (le niveau qui assure le remplacement des générations à terme) diminue en dessous de ce seuil. Les naissances sont alors d'année en année moins nombreuses, et la population, qui diminue, est encore plus âgée.

Gilles PISON, « Le vieillissement sera plus rapide au Sud qu'au Nord », *Population et Sociétés*, Ined, n° 457, juin 2009.

Le saviez-vous ?

Épargnée par le « vieillissement par le bas », c'est-à-dire par la baisse de la fécondité en dessous du seuil de renouvellement avec deux enfants par femme en 2010, **la France n'échappe pas au « vieillissement par le haut »** par la hausse de l'espérance de vie et le papy-boom. Son solde naturel va donc se dégrader lorsque les générations nombreuses du baby-boom décéderont à partir de 2025.

QUESTIONS

1. **Lire.** Que signifie l'expression « transition démographique » ?
2. **Expliquer.** Pourquoi la population française vieillit-elle ?
3. **Déduire.** Pourquoi le vieillissement de la population française s'accélère-t-il brusquement depuis 2005 ?

DOC 3 • Un solde migratoire positif alimente la croissance démographique

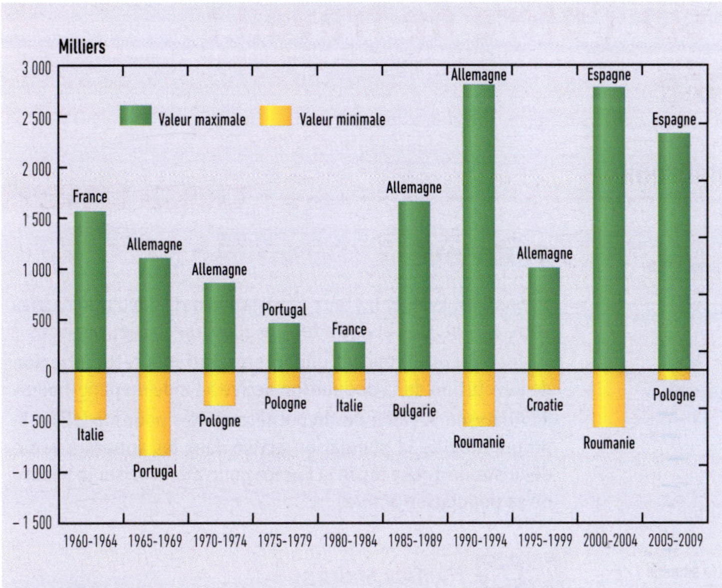

Lecture : le solde migratoire est la différence entre l'immigration et l'émigration.

Source : Ined, 2011.

La proportion d'immigrés dans les pays européens en 2008 (en %)

Roumanie	0,8	France	11
Pologne	2,7	Allemagne	11,6
Finlande	4,0	Espagne	13,8
Italie	7,3	Irlande	14,1
Royaume-Uni	10,9	Luxembourg	32,2

Source : Ined.

QUESTIONS

1. Expliquer. Que signifie un solde migratoire négatif ?

2. Lire. Faites une phrase avec le solde migratoire de l'Espagne sur la période 2005-2009.

3. Comparer. La France est-elle un pays d'immigration par rapport aux autres pays européens en 2008 ? Aidez-vous du tableau.

4. Définir. Écrivez l'équation de la croissance démographique à l'aide des termes suivants : émigration, immigration, natalité et mortalité.

DOC 4 • La diversité des situations démographiques au sein de l'Union européenne

DÉTERMINANTS DÉMOGRAPHIQUES	ÉTATS MEMBRES DE L'UE À 27
Croissance démographique	
due seulement à l'accroissement naturel	Irlande, Pologne
due principalement à l'accroissement naturel	Chypre, Espagne, France, Pays-Bas, Slovaquie, Royaume-Uni
due principalement à l'immigration nette	Belgique, Danemark, Grèce, Slovénie, Finlande, Luxembourg, République tchèque, Suède
due seulement à l'immigration nette	Autriche, Italie, Portugal
Déclin démographique	
dû seulement à l'accroissement naturel	Estonie, Hongrie
dû principalement à l'accroissement naturel	Allemagne, Bulgarie, Lettonie, Roumanie
dû principalement à l'immigration nette	Lituanie
dû seulement à l'immigration nette	Malte

D'après *Rapport démographique 2010. Des Européens plus vieux, plus nombreux et différents*, Commission européenne, mars 2011.

QUESTIONS

1. Lire. Malte est-il le pays dont la population décline le plus rapidement ?

2. Analyser. Comparez la dynamique démographique de l'Allemagne et celle de la France.

3. Analyser. Comparez la dynamique démographique de la France et celle de la Suède.

4. Déduire. Y a-t-il une politique démographique européenne unique à définir ?

Faire le bilan

Recopiez le schéma et indiquez sur les flèches, par un signe + ou –, l'influence positive ou négative sur la croissance de la population.

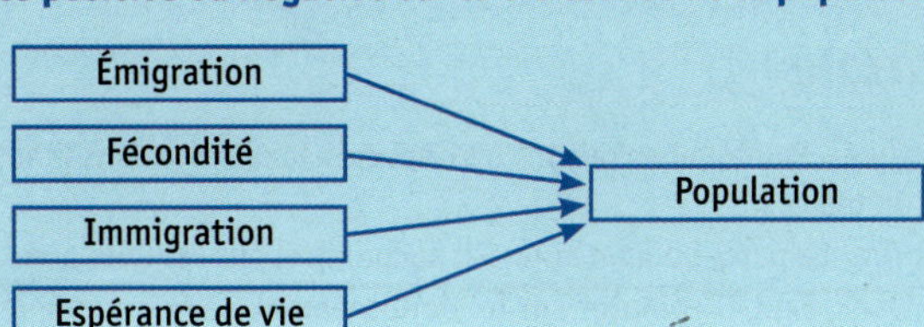

Faites la synthèse.

Comment la structure de la population en Europe occidentale a-t-elle évolué depuis deux siècles ?

DOSSIER 2

Les conséquences de la dynamique démographique sur l'offre de travail : le cas de la France

DOC 1 • Des actifs de plus en plus nombreux

POUR COMMENCER

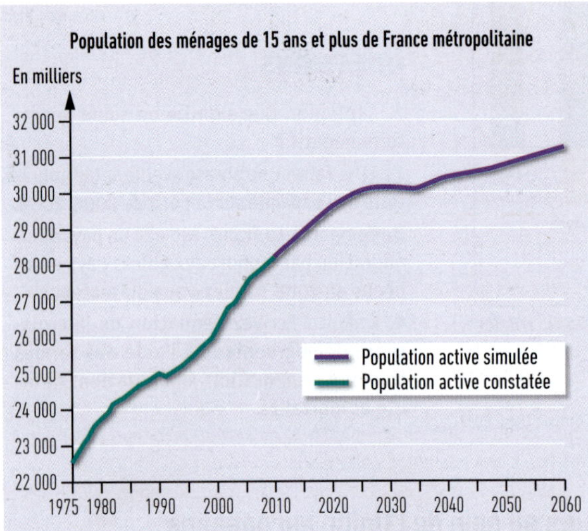

Lecture : pour simuler la progression de la population active après 2010, on retient un scénario qui se fonde sur une fécondité de 2,1 enfants par femme et une immigration nette de 100 000 personnes.

Source : *Insee Première*, n° 1345, avril 2011.

QUESTIONS

1. Calculer. Évaluez les taux de variation de la population active entre 1975 et 2005 et entre 2005 et 2060. Qu'en déduisez-vous ?

2. Interpréter. Proposez une interprétation à cette inflexion de l'évolution de la population active à l'aide du papy-boom.

3. Analyser. À l'aide des hypothèses faites pour modéliser la progression de la population active dans les années à venir, déduisez de quelle façon la France pourrait favoriser la hausse de sa population active.

Qui est Thomas Malthus ?

Économiste anglais (1766-1834) célèbre pour sa loi de population, il prédit le retour des famines en l'absence d'un contrôle des naissances. Postulant la progression arithmétique des subsistances face à la progression géométrique des naissances, il en conclut que la misère est la conséquence de la surpopulation. Avant d'être une force de travail, un homme est en effet une bouche à nourrir.

DOC 2 • Le papy-boom, une chance pour diminuer le chômage ?

Avec 78 000 fins de carrière, 40 % des actifs de l'industrie manufacturière en 2005 se seront retirés du marché du travail d'ici 2020 [dans le Nord–Pas-de-Calais]. […] Ces nombreux départs en retraite soulèvent la question des besoins futurs en main-d'œuvre. […] Les mutations structurelles de l'économie conduisent depuis quelques années à une progression des emplois tertiaires. En particulier, le vieillissement de la population suscite des besoins croissants dans les métiers de la santé et des services à la personne. À l'inverse, sous l'effet de la concurrence et des gains de productivité, le secteur industriel et tout particulièrement les emplois ne nécessitant pas de qualification se replient depuis de nombreuses années. Ainsi, le poids de l'industrie dans le Nord–Pas-de-Calais ne représente plus que 17 % de l'emploi total en 2007, soit 10 points de moins qu'en 1990. Ce repli explique que de nombreuses professions d'ouvriers, telles que celles du textile, qui à l'horizon 2020 perdront 45 % de leurs actifs de 2005, n'auront pas à renouveler l'ensemble de leur main-d'œuvre sortante. À l'inverse, la double combinaison future d'un besoin croissant d'emplois d'aide à la personne et de très nombreux départs dans les métiers d'employés de maison et d'aides à domicile laisse augurer un important besoin de recrutement dans ces professions. Ce constat pourrait toutefois être sensiblement atténué par l'augmentation des taux d'activité chez les seniors. En supposant que les actifs tendent à partir en retraite à des âges sensiblement plus élevés que par le passé, les très nombreux retraits de seniors s'étaleraient alors sur une période plus importante.

Claire WARZEE, Danièle LAVENSEAU, « Les fins de carrière des baby-boomers jusqu'en 2020 », Insee Nord–Pas-de-Calais, *Pages de Profil*, n° 57, 2009.

QUESTIONS

1. Expliquer. Pour quelles raisons les départs à la retraite dans l'industrie ne seront-ils pas remplacés ?

2. Déduire. Le papy-boom n'aura-t-il aucun effet sur l'emploi pour autant ?

3. Analyser. Faut-il compter sur le vieillissement démographique pour réduire le chômage ?

DOC 3 • Les gains de productivité, moteur de la croissance

Les gains de productivité et l'emploi en France au XXe siècle	1896	1997	Indice 1997 base 1 en 1896
PIB (en milliards de francs de 1980)	317,2	3860	12,26
Productivité horaire du travail (en francs de 1980)	5,28		21,67
Quantité de travail annuelle (en milliards d'heures)	60,10	34	0,57
Durée annuelle moyenne (en heures)	2913	1519	0,52
Emplois (en millions)	20,62	22,39	1,09

D'après Claude THÉLOT, Olivier MARCHAND, *Le Travail en France, 1800-2000*, Nathan, 1997.

QUESTIONS

1. Lire. De quel pourcentage a varié l'emploi en France au XXe siècle ?

2. Déduire. Retrouvez le chiffre de la productivité horaire du travail en France en 1997 à l'aide d'un calcul avec les autres chiffres de la colonne « 1997 ».

3. Expliquer. Quel est l'effet des gains de productivité réalisés au XXe siècle sur les besoins en travail ?

DOC 4 • Les effets incertains du vieillissement démographique sur la productivité du travail

L'hypothèse fréquemment invoquée d'une diminution de la productivité des salariés âgés n'est souvent fondée que sur des témoignages de managers ou dirigeants d'entreprises, ou sur les résultats de tests [...] dans le domaine de la psychologie. L'estimation empirique du lien entre âge et productivité est beaucoup plus rare dans les études, principalement du fait de la difficulté de trouver des données qui fournissent une mesure satisfaisante de la productivité et permettent cette estimation. [...] [Dès lors,] la productivité n'est plus évaluée au niveau individuel mais au niveau de catégories de salariés définies par certaines caractéristiques semblables. La productivité d'un groupe de salariés est alors définie comme la « contribution » de ce groupe à la valeur ajoutée de l'entreprise. [...]

[Pourtant,] de telles estimations sont susceptibles d'être fortement biaisées du fait de la simultanéité des variations de la production et des ajustements des facteurs de production. [...] Une entreprise en mauvaise santé économique aura par exemple tendance à ne pas embaucher pendant plusieurs années consécutives, laissant vieillir sa main-d'œuvre en place, si bien que l'on observera de manière conjointe une production en baisse et une augmentation du poids des classes d'âge élevé. Au contraire, si une entreprise prévoit des chocs positifs sur sa production, elle embauchera un certain nombre de travailleurs jeunes, et on observera dans ce cas une production en hausse et une diminution de la part des plus âgés dans l'effectif total. En d'autres termes, un problème se pose quant au sens de la causalité : les entreprises sont-elles moins productives parce qu'elles emploient plus de travailleurs âgés ou, au contraire, ont-elles davantage de travailleurs âgés parce qu'elles sont moins productives ?

Patrick AUBERT, Bruno CRÉPON, « La productivité des salariés âgés : une tentative d'estimation », Insee, *Économie et Statistique*, n° 368, 2003.

La démarche de l'économiste

Les économistes construisent des modèles pour mieux comprendre les défis contemporains Ainsi, les **projections de la population active reposent sur des hypothèses** : celles sur la fécondité et les migrations influencent le nombre d'actifs alors que celles sur la mortalité touchent d'abord les personnes aux âges élevés. Les variantes sur les migrations ont aussi un impact à plus court terme. L'incertitude pèse enfin davantage sur les taux d'activité des seniors du fait des réformes des retraites.

QUESTIONS

1. Lire. Les études empiriques des économistes citées dans le texte confirment-elles ou infirment-elles les témoignages de managers et les tests psychologiques ?

2. Analyser. Quel devrait être l'effet du papy-boom sur la productivité de la population active dans les prochaines années ?

3. Expliquer. Pourquoi ce résultat doit-il être pris avec beaucoup de précautions ?

Faire le bilan

Recopiez et complétez le texte avec les mots ou expressions suivants :

vieillissement démographique – la fécondité – l'espérance de vie – la productivité du travail – un retard – le recul de l'âge de départ à la retraite.

L'offre de travail ne suit qu'avec .... d'une vingtaine d'années les évolutions de .... En revanche, ... ou la moindre générosité du système de retraite pour ceux partant tôt à la retraite, qui peuvent traduire la hausse de ...., ont un impact positif bien plus rapide. Pourtant, l'évolution de .... compte tout autant, si ce n'est plus, que celle de la quantité de travail dans la croissance économique. Le .... de la population active n'a pas de conséquences univoques sur sa productivité.

Faites la synthèse.

Le papy-boom va-t-il faire baisser le PIB ?

DOSSIER 3

L'impact du vieillissement démographique en Europe sur l'épargne au travers du modèle du cycle de vie

DOC 1 • Évolution de la part des 65 ans et plus dans les pays de l'Union européenne

POUR COMMENCER

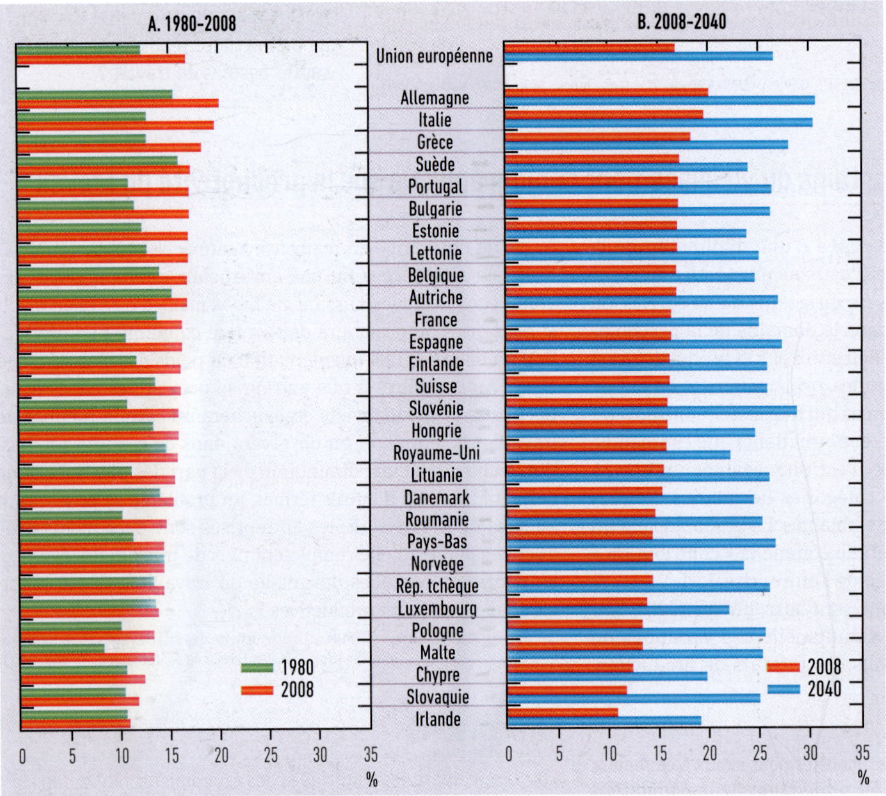

QUESTIONS

1. **Lire.** Comment devrait évoluer la part des 65 ans et plus en France jusqu'en 2040 ?
2. **Lire.** Classez les pays des plus jeunes aux plus vieux en 2008 et en 2040.
3. **Analyser.** Que vous inspirent ces transformations ?

Source : Ined, « Populations et tendances démographiques des pays européens (1980-2010) », *Population*, n° 66, 2011.

DOC 2 • Cycle de vie et épargne : le modèle de Modigliani

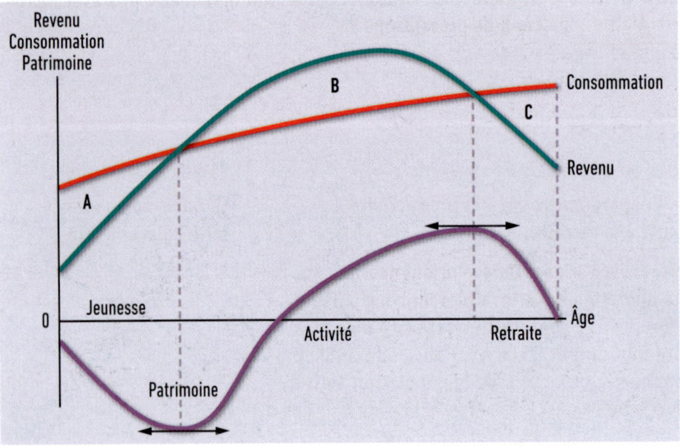

QUESTIONS

1. **Lire.** Pour les trois âges de la vie (jeunesse, âge adulte, vieillesse), à quoi correspondent les zones « A », « B » et « C » ?
2. **Analyser.** Dans une économie fermée, en quoi les actifs financent-ils les inactifs ?
3. **Déduire.** Quelle conséquence le vieillissement démographique a-t-il sur la consommation et l'épargne globales selon le modèle de Modigliani ?

D'après Patrick VILLIEU, « Macroéconomie. Consommation et épargne », La Découverte, coll. Repères, 3e édition, 2008.

DOC 3 • Le taux d'épargne des ménages dans quelques pays européens (1999-2009)

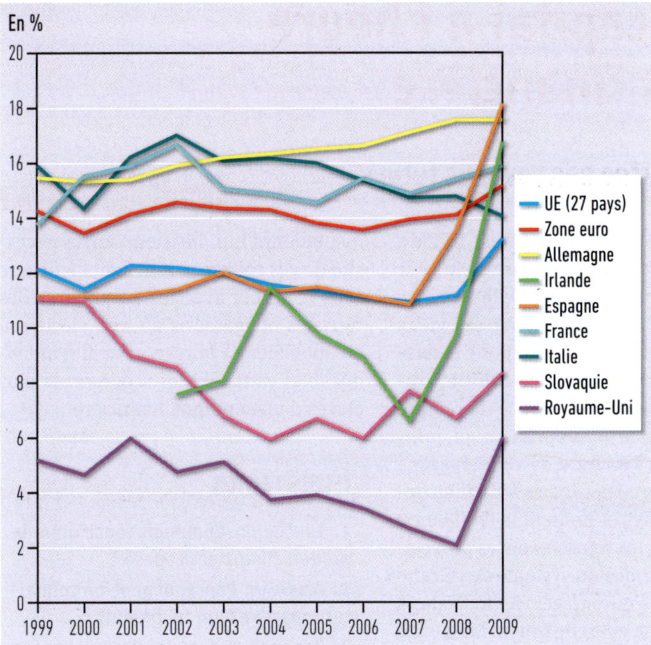

D'après les données de l'Observatoire européen de l'épargne.

Le saviez-vous ?

Les avantages mutuels de la globalisation financière peuvent être compris à l'aide du modèle du **cycle de vie**. Jusqu'à présent, les actifs en phase d'accumulation ont dominé dans les pays développés alors que les pays du Sud, en transition démographique, restaient jeunes et en phase d'endettement. La libre circulation des capitaux doit permettre à l'épargne du Nord de financer l'investissement du Sud pour qu'à terme celui-ci participe au financement des retraites du Nord.

QUESTIONS

1. Lire. Que dire du taux d'épargne des ménages français par rapport à celui des ménages des autres États membres ?

2. Analyser. Classez les pays selon leur taux d'épargne et comparez ce classement à celui des pays dont la population est la plus âgée dans le document 1.

3. Déduire. Est-ce dans les pays les plus vieux que le taux d'épargne des ménages est le plus faible ?

4. Déduire. Ce résultat est-il totalement incompatible avec l'hypothèse du cycle de vie ?

DOC 4 • Une hypothèse du cycle de vie contingente

Les vérifications empiriques de l'hypothèse du cycle de vie montrent qu'en réalité l'augmentation du patrimoine se poursuit généralement bien au-delà de la retraite. Plus largement, il faut souligner que l'impact de la démographie sur le taux d'épargne dépend pour une large part de facteurs politiques et institutionnels : l'évolution de l'offre d'actifs financiers ou les choix de financement de la protection sociale ont une influence déterminante. Les débats contemporains sur l'épargne retraite le montrent bien. Cette forme d'épargne, destinée au financement de la retraite de salariés par une contribution volontaire, a connu une certaine progression durant les années quatre-vingt dix. Plus largement, près d'un ménage sur deux possède une forme d'épargne longue pouvant être destinée à la retraite (assurance vie dont la progression est forte depuis les années 1990, PEP, épargne salariale qui désigne les placements obtenus par les salariés dans les entreprises à des conditions fiscalement avantageuses). Cette évolution résulte en partie des craintes concernant l'avenir du système de retraite pour des raisons démographiques, mais elle est aussi le résultat de la progression importante des placements financiers depuis vingt ans, qui a des effets incitatifs sur l'épargne des ménages, et de la politique fiscale de l'État, favorable à l'épargne financière.

Alain BEITONE, Emmanuel BUISSON, Christine DOLLO, *Économie*, Sirey, coll. Aide-mémoire, 4e édition, 2009.

QUESTIONS

1. Interpréter. Pourquoi continuer à épargner après son départ à la retraite ?

2. Expliquer. En quoi les innovations financières influencent-elles l'épargne individuelle ?

3. Analyser. En quoi certains choix fiscaux et de financement de la protection sociale favorisent-ils l'épargne individuelle ?

4. Déduire. L'hypothèse du cycle de vie est-elle vérifiée ?

Faire le bilan

Reliez, par une flèche, les bons termes entre eux selon le modèle du cycle de vie.

Population âgée •	• Hausse du taux d'épargne
Population jeune •	• Baisse du taux d'épargne
Population vieillissante •	• Taux d'épargne faible
Population rajeunissante •	• Taux d'épargne élevé

Faites la synthèse.

Le modèle du cycle de vie rend-il compte des comportements d'épargne des ménages en Europe ?

DOSSIER 4

Épargne nationale, épargne mondiale : l'accumulation du capital à l'heure de la globalisation financière

DOC 1 • L'épargne individuelle pour accroître ses revenus futurs

POUR COMMENCER

Si l'épargne d'un individu est fondée, majoritairement ou entièrement, sur une accumulation personnelle destinée à lui fournir un revenu pour ses vieux jours (retraite par capitalisation), la mise en place d'un système de retraite collectif aura pour conséquence de réduire l'épargne privée en supprimant son principal intérêt. La chute de cette épargne privée limitera les capacités de financement d'un pays et limitera la croissance. Inversement, les réformes ou les propositions de réformes du système de retraite par répartition encouragent les individus à accumuler une épargne privée. Mais cette situation débouche sur la remise en cause du principe de solidarité intergénérationnelle du système par répartition. Ceux qui, aujourd'hui, insistent sur la nécessité de ces réformes renouent, peut-être sans le savoir, avec les adversaires des retraites obligatoires du XIXe siècle qui en appelaient à la responsabilité individuelle et vantaient les rendements plus élevés d'une épargne financière.

Bordas, 2012.

QUESTIONS

1. **Expliquer.** Comment fonctionne le produit financier proposé ?
2. **Analyser.** Pourquoi peut-on souhaiter souscrire à un tel produit ?
3. **Déduire.** Pourquoi faut-il moins consommer aujourd'hui pour consommer plus demain ?

DOC 2 • L'épargne et l'investissement au cœur de la croissance et des échanges

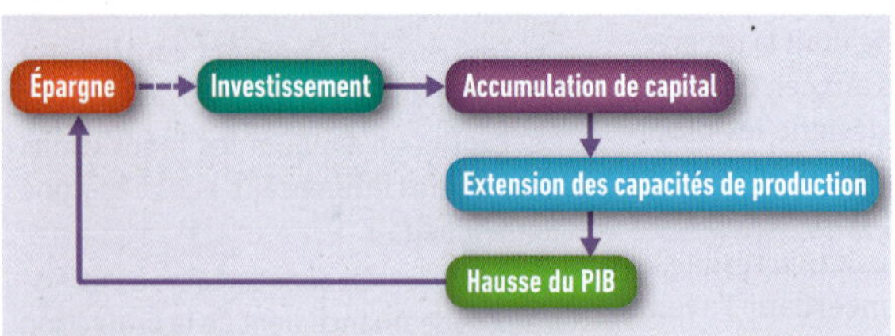

Lecture :
Y + M = C + I + G + X (1)
Y = C + S + T (2)
Où : Y = PIB ; M = importations ; C = consommation ; I = investissement ; G = dépenses publiques ; X = exportations ; S = épargne ; T = recettes fiscales.
(2) − (1) ó (S − I) + (T − G) = (X − M)

Épargne privée nette + épargne publique nette = excédent commercial (courant)
Si l'investissement national privé excède l'épargne nationale privée tandis que l'État équilibre son budget, le pays connaît un déficit commercial et courant. Grâce à la globalisation financière, l'épargne étrangère finance le surplus d'investissement par rapport à l'épargne nationale.

Bordas, 2012.

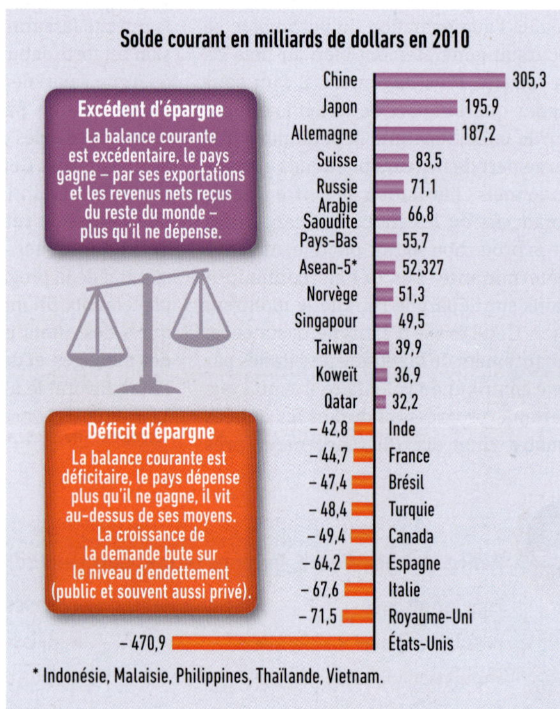

D'après *Les chiffres 2012*, *Alternatives économiques*, octobre 2011.

QUESTIONS

1. **Expliquer.** Pourquoi l'épargne permet-elle la croissance économique ?
2. **Analyser.** Comment l'investissement peut-il produire l'épargne dont il a besoin ?
3. **Lire.** Comment interprétez-vous la flèche en pointillé qui va de l'épargne à l'investissement ?

DOC 3 • Un solde courant négatif dans les nouveaux États membres de l'Union européenne

L'endettement a été ces dernières années [dans les pays d'Europe centrale et orientale (PECO)] encore plus galopant : en 2007, la croissance du crédit au secteur privé était de l'ordre de 50 % par an en Europe de l'Est. Et les déficits courants pouvaient dépasser 20 % du produit intérieur brut (PIB) dans certains pays. Ce boom du crédit domestique a été entretenu par l'apport de capitaux étrangers, *via* les filiales locales des banques d'Europe de l'Ouest, qui détiennent l'essentiel du réseau bancaire de l'Europe émergente. Quand ces pays sont sortis du communisme, cela semblait en effet la meilleure façon de créer rapidement un système financier efficace. Mais avec la crise les difficultés des maisons mères ont entraîné un resserrement brutal du crédit à l'Est. Pire : dans nombre de ces pays, les crédits avaient souvent été contractés en devises étrangères et non en monnaie locale pour bénéficier de taux d'intérêt plus faibles. En Hongrie, par exemple, 60 % des crédits accordés aux ménages étaient libellés en devises. Le retrait brutal des capitaux a fait s'effondrer les taux de change des monnaies et s'envoler la valeur des dettes libellées en euros ou en d'autres devises.

Sandra MOATTI, « La solidarité européenne à l'épreuve de la crise », *Alternatives économiques*, hors-série, n° 81, mai 2009.

QUESTIONS

1. Expliquer. Sachant que les États des PECO ont le plus souvent tenu l'équilibre budgétaire, comment expliquer les déficits courants, souvent élevés, de ces économies durant les années 2000 ? Utilisez aussi le document 2.

2. Analyser. L'ouverture financière des PECO n'a-t-elle que des effets positifs pour la croissance ?

3. Déduire. Le financement de l'investissement national par l'épargne nationale est-il caduc à l'heure de la globalisation financière ?

DOC 4 • Les transferts venant de Chine équilibrent l'épargne et l'investissement mondial

Si la globalisation financière a bien contribué au développement des pays émergents, son apport n'a pas été celui communément attendu : l'amélioration récente de la performance de ces pays s'est accompagnée dans la majorité des cas d'une réduction de leurs importations d'épargne. […]

Au début des années 2000, les excédents courants de la Chine ont littéralement explosé. Cette explosion est le résultat d'une évolution rapide de ses structures industrielles, contrastant avec celle, beaucoup plus lente, des comportements de dépense et de partage du revenu national. Le développement de la Chine s'est en effet accéléré. [Elle] s'est mise à fabriquer elle-même une part toujours plus grande des produits intermédiaires contenus dans ses exportations. Non seulement ces dernières continuent de progresser rapidement, mais leur contenu en valeur ajoutée nationale augmente. La part de la Chine dans le revenu mondial s'en trouve accrue, mais sa dépense intérieure ne suit pas, la part des profits dans le PIB en particulier ne cessant d'augmenter. […] En contrôlant l'appréciation de leur taux de change, les régions émergentes productrices de biens manufacturés [comme la Chine] sont ainsi parvenues à exporter des quantités importantes d'épargne. Pour un temps au moins, la globalisation leur a permis, en soutenant la demande adressée à leurs entreprises, de tirer pleinement parti de leur potentiel de croissance. […]

Beaucoup de pays occidentaux ont adopté des politiques monétaires accommodantes, favorables à l'endettement. […] Au fil des ans, les économies occidentales, et en particulier l'économie américaine, ont contribué à maintenir l'économie mondiale près du plein emploi.

Anton BRENDER, Florence PISANI, *La Crise de la finance globalisée*, La Découverte, coll. Repères, 2009.

Le saviez-vous ?

La part de la consommation dans le revenu national en Chine a baissé de 46 % en 2000 à 35 % en 2008. La hausse des dépenses privées de logement, d'éducation et de santé a poussé les ménages chinois à augmenter leur **taux d'épargne**, mais surtout les profits ont progressé plus vite que les salaires. L'épargne des entreprises, qui a augmenté, constituait la moitié de l'épargne nationale chinoise en 2008.

QUESTIONS

1. Lire. Faites un schéma d'implication avec les mots suivants : pays riches ; pays pauvres ; épargne ; investissement ; financer ; circulation mondiale des capitaux.

2. Expliquer. Comment la Chine fait-elle pour financer l'investissement nécessaire à sa croissance sans faire appel à l'épargne du reste du monde ?

3. Déduire. Complétez le tableau ci-dessous avec un signe positif ou négatif.

	États-Unis	Chine
S-I		
X-M		

4. Lire. Que signifie la phrase soulignée ?

Faire le bilan

Dans une économie fermée, montrez les effets du vieillissement démographique sur le PIB. Utilisez les mots « hausse » ou « baisse ».

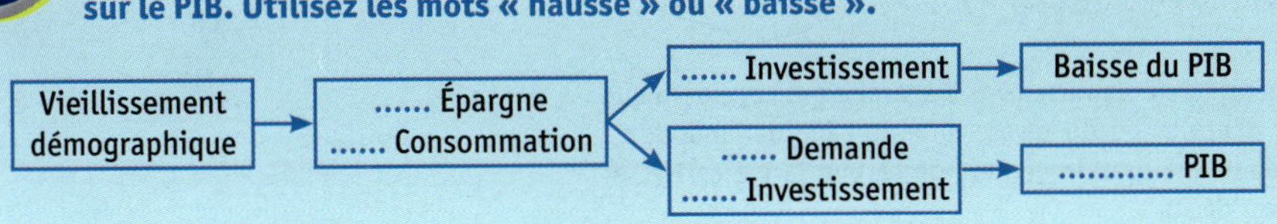

Faites la synthèse.

Le vieillissement des pays riches est-il une menace pour le financement des économies des pays émergents ?

DOSSIER 5

Les conséquences de la dynamique démographique sur la consommation des ménages

DOC 1 • La consommation, moteur de la croissance économique française

POUR COMMENCER

En milliards d'euros	2008	2009	Part dans le PIB 2009	Taux de variation 2008-2009	Contribution au PIB 2009
PIB	1948,5	1907,1	100	– 2,1	– 2,1
M	563,2	476,6	28,9	– 15,4	– 4,4
Total ressources	2511,7	2383,8	128,9	– 5,1	– 6,6
DC ménages	1083,8	1084,6	55,6	0,1	0
DC administrations	451,4	469,8	23,2	4,1	0,9
DC ISBLSM	27	28,2	1,4	4,2	0,1
Total DC	1562,3	1582,6	80,2	1,3	1
FBCF + VS	429,5	361,6	**22**	**– 15,8**	**– 3,5**
X	519,9	439,6	26,7	– 15,4	– 4,1
Total des emplois	2511,7	2383,8	128,9	– 5,1	– 6,6

Lecture : DC : dépenses de consommation ; FBCF : formation brute de capital fixe ; VS : variation de stock, M : importations ; ISBLSM : institutions sans but lucratif au service des ménages ; X : exportations. La contribution au PIB est obtenue par la multiplication de la part dans le PIB et du taux de variation de l'emploi correspondant.

Source : Insee.

QUESTIONS

1. **Lire.** Que signifient les trois chiffres entourés ?
2. **Analyser.** Comparez ces chiffres avec ceux de la ligne « FBCF + VS ».
3. **Déduire.** En quoi les contributions de la consommation et de l'investissement à la demande peuvent-elles être opposées ?

DOC 2 • La consommation des personnes âgées, entre effet d'âge et effet de génération

On explique habituellement le résultat de la diminution de la consommation en fin de cycle de vie par la décroissance des besoins avec l'âge. Pourtant, il ne s'agit là que de comparaisons entre des populations différentes (en particulier de générations différentes) à une même date, et non du suivi des mêmes ménages au fur et à mesure de leur vieillissement. On ne peut donc pas en déduire quel est l'effet de l'âge sur la consommation : en effet, rien ne permet d'affirmer que lorsqu'on compare plusieurs générations à une même date, le comportement des parents préfigure celui des enfants quelque 25 ou 30 ans plus tard. C'est même d'autant moins probable qu'en 1995 coexistent des générations nées au début du siècle, qui ont vécu des périodes de guerre et de pénurie, des générations nées dans les années 1930 et jusqu'au baby-boom, qui ont grandi pendant les « trente glorieuses », et des générations nées après les années 1950, qui ont connu le ralentissement de la croissance assez jeunes. Ainsi, il faut déterminer dans quelle mesure la sous-consommation des ménages âgés, à revenu et taille du ménage équivalents, s'explique par un effet propre au vieillissement, et dans quelle mesure elle est l'expression du comportement spécifique à la génération à laquelle ces ménages appartiennent.

Marceline BODIER, « Les effets d'âge et de génération sur le niveau et la structure de la consommation », Insee, *Économie et Statistique*, n°s 324-325, 1999.

QUESTIONS

1. **Lire.** Le résultat avancé dans la phrase soulignée est-il cohérent avec l'hypothèse du cycle de vie de Modigliani ? Pourquoi ?
2. **Expliquer.** Comment la faiblesse, constatée en 1995, de la consommation aux âges avancés de la vie peut-elle s'expliquer par un effet de génération plutôt que par un effet d'âge ?
3. **Analyser.** L'effet de génération invalide-t-il l'effet d'âge ?
4. **Déduire.** Quel effet sur la consommation est susceptible d'avoir le papy-boom lors des vingt prochaines années ?

Notion

Cycle de vie (des individus) : théorie du comportement d'épargne qui considère que l'épargne dépend moins du taux d'intérêt ou du revenu que de l'âge de l'individu ; celui-ci emprunte, épargne, pendant une grande période de sa vie, la vie active, et « désépargne » de sa retraite à son décès.

DOC 3 • La structure de la consommation des personnes âgées

Écarts des coefficients budgétaires à la moyenne en points de % entre les consommations des personnes âgées et le reste de la population	1986	2006
Produits alimentaires et boissons non alcoolisées	+ 4,2	+ 3,5
Boissons alcoolisées et tabac	+ 0,1	+ 0
Articles d'habillement et chaussures	– 1,3	– 2,3
Logement, eau, gaz, électricité et autres combustibles (hors loyers fictifs)	+ 2,6	+ 0,9
Meubles et entretien courant de l'habitation	– 0,2	+ 0,1
Santé	+ 3,4	+ 1 ,1
Transports	– 5,6	–3
Communications	+ 0,4	– 0,6
Loisirs et culture, hors voyages à forfait	– 1	+ 0,2
Éducation	– 0,4	– 0,6
Hôtels, cafés, restaurants et voyages à forfait	– 1,7	– 1,5
« Autres biens et services » : soins personnels, action sociale et assurances principalement	– 0,8	+ 2,3

Lecture : un coefficient budgétaire rapporte la consommation d'un poste de dépenses à la consommation totale du ménage. Il est en général exprimé en pourcentage.

Source : Insee, *Cinquante ans de consommation*, 2009.

QUESTIONS

1. Lire. Que signifie le chiffre entouré ?

2. Analyser. Quels sont en 2006 les écarts de coefficients budgétaires les plus élevés en valeur absolue des personnes âgées par rapport à la moyenne ?

3. Déduire. Quel impact le papy-boom risque-t-il d'avoir sur la structure moyenne de la consommation ?

Le saviez-vous ?

En 1857, le statisticien allemand Ernst Engel observe, en étudiant le comportement de consommation de 153 familles belges, que **la part du revenu consacrée à l'alimentation diminue à mesure que le revenu augmente.** Maintes fois confirmée, cette observation se traduit aussi par une élasticité-revenu de la consommation alimentaire inférieure à 1.

DOC 4 • Jusqu'à quand les retraités conserveront-ils un pouvoir d'achat relativement élevé ?

Actuellement, la retraite nette moyenne représente 72 % du salaire net moyen. […] Ce chiffre passe à 98 % si on intègre le revenu que représente le loyer du logement que l'on possède et occupe [dans une comparaison des niveaux de vie]. […] Mais les réformes en cours vont entraîner une détérioration progressive de leur situation relative. […] Depuis la réforme de 2003, les retraités ont perdu 0,7 % de pouvoir d'achat (retraites non imposables du privé), 1,2 % (retraites imposables du privé) ou 1,9 % (retraites de la fonction publique), alors que le pouvoir d'achat du salaire moyen augmentait de 7 %. […] Le gouvernement s'est engagé à garantir le niveau des retraites, mais pas leur niveau relatif. Selon la projection du COR[1], le ratio retraite moyenne / salaire moyen baisserait de 21 % d'ici 2050. […] La réforme de 2010 n'a pas fourni de garantie aux générations futures sur le montant de leurs retraites. […] Le gouvernement a choisi une stratégie d'augmentation de l'âge requis pour le départ à la retraite […] qui risque de frapper lourdement certaines catégories de salariés. Cette stratégie suppose une forte hausse de l'emploi, donc une forte croissance [économique] qui n'est pas assurée.

Henri STERDYNIAK, « Retraites, sous le regard des marchés », in *L'Économie française 2011*, OFCE, 2010.

1. Conseil d'orientation des retraites.

Le saviez-vous ?

L'expression « **troisième âge** » apparaît dans les années 1970 avec les clubs et universités pour les personnes âgées de plus de 60 ans. Mais, depuis les années 1990, les politiques publiques se recentrent sur le « 4e âge » des personnes dépendantes et laissent le « troisième âge » au marketing qui l'a rebaptisé « **seniors** » et dont le niveau de vie est au moins aussi élevé que celui des actifs.

QUESTIONS

1. Lire. Que signifie le fait que le niveau de vie d'un retraité représente 98 % de celui d'un salarié ?

2. Calculer. Combien devrait valoir le ratio retraite moyenne / salaire moyen en 2050 ?

3. Déduire. Pourquoi le papy-boom pourrait-il ne pas avoir l'effet entraînant attendu sur la consommation ?

Faire le bilan

Recopiez et complétez le texte avec les mots ou expressions suivants :

moins – consommation des ménages – peser – différemment – plus

La .... est le principal moteur de la croissance. Les personnes âgées consomment .... et .... des autres. Le vieillissement démographique pourrait .... sur la consommation dans les années à venir. Pourtant, les générations qui partent à la retraite actuellement consomment .... que les générations précédentes.

Faites la synthèse.

La consommation des « seniors » est-elle le moteur de la croissance d'aujourd'hui et de demain ?

L'ESSENTIEL

Comment la dynamique démographique influe-t-elle sur la croissance économique ?

DOSSIER 1 L'avantage démographique français en Europe

- La **dynamique démographique** dépend quantitativement du **mouvement naturel** de la population et des **mouvements migratoires** : l'accroissement naturel et le **solde migratoire** positif alimentent la croissance démographique. Mais elle a aussi une dimension qualitative : la baisse de la **fécondité** et la hausse de l'**espérance de vie** produisent partout dans le monde le vieillissement des populations, surtout dans les pays développés.
- Par ailleurs, la population décline dans les pays, comme l'Allemagne, où l'immigration nette est trop faible pour compenser un solde naturel devenu négatif. Le baby-boom a inauguré enfin une nouvelle transition démographique qui se traduit pour les vingt ans à venir par un **papy-boom**.

DOSSIER 2 Les conséquences de la dynamique démographique sur l'offre de travail : le cas de la France

- Les spécialistes admettent que la **population active** va augmenter dans les années à venir en France. Se pose alors la question de savoir si l'économie créera suffisamment d'emplois pour tous.
- Le vieillissement démographique peut offrir une solution au chômage car les départs à la retraite devraient libérer des emplois pour les nouveaux entrants. Pourtant, rien n'est moins sûr : ces départs pourraient engendrer des transformations structurelles comme l'abandon de certains secteurs, tels que l'automobile, dont la compétitivité est faible face à la concurrence internationale. Ces transformations, qui amélioreraient l'**allocation des ressources**, pourraient alors être préférées à une croissance due à l'augmentation du nombre d'emplois.
- Enfin, certains imaginent que le changement démographique conduira à une faible croissance. C'est oublier que la croissance est davantage due à l'amélioration de la productivité qu'à l'accroissement de la population active ou son vieillissement. Par ailleurs, les effets du vieillissement sur la productivité sont aussi très mal connus car les enquêtes ne permettent pas d'isoler ce facteur au sein des entreprises.

DOSSIER 3 L'impact du vieillissement démographique en Europe sur l'épargne au travers du modèle du cycle de vie

- L'hypothèse du **cycle de vie** attribue un comportement d'**épargne** à chaque âge de la vie : les adultes actifs épargnent alors que les vieux inactifs « désépargnent » (ils vendent leur patrimoine progressivement pour consommer). Le vieillissement démographique devrait donc conduire à une baisse du taux d'épargne global.
- Néanmoins, les pays européens dont la population est la plus âgée aujourd'hui ne sont pas ceux dont le taux d'épargne est le plus faible. Et il apparaît que les personnes âgées continuent d'épargner jusqu'à un âge avancé. Tout résultat s'appuyant sur l'hypothèse du cycle de vie, comme celui d'une baisse du taux d'épargne en Europe, doit donc être considéré avec beaucoup de précautions.

Acquis de Première

Allocation des ressources : manière dont une économie utilise les ressources en hommes, capital, équipements, etc., pour produire des biens et des services. L'État peut intervenir pour modifier cette allocation des ressources soit en produisant directement, soit en modifiant la production des agents privés.

Équilibre emplois / ressources : identité comptable entre les « ressources » d'une nation (le PIB et les importations) et la manière dont celles-ci sont utilisées, les « emplois » (consommations intermédiaires, consommation finale, FBCF, exportations, variations de stock).

Notions du programme

Accumulation du capital : processus d'accroissement du stock de capital.

Cycle de vie (des individus) : théorie du comportement d'épargne qui considère que l'épargne dépend moins du taux d'intérêt ou du revenu que de l'âge de l'individu ; celui-ci emprunte, épargne, pendant une grande période de sa vie, la vie active, et « désépargne » de sa retraite à son décès.

Dynamique démographique : l'analyse de la mortalité, de la natalité et des mouvements migratoires doit permettre de décrire l'évolution passée et future d'une population.

Épargne : partie non consommée du revenu.

Mouvement migratoire : différence entre l'immigration et l'émigration.

Mouvement naturel : différence entre le taux de natalité et le taux de mortalité.

Population active : ensemble des personnes qui exercent ou souhaitent exercer une activité professionnelle.

DOSSIER 4 Épargne nationale, épargne mondiale : l'accumulation du capital à l'heure de la globalisation financière

● Au niveau microéconomique, l'épargne correspond à une limitation de la consommation actuelle au profit d'un revenu et d'une consommation future plus importante. C'est pourquoi des sociétés proposent des produits d'épargne aux ménages. Au niveau macroéconomique, cette analyse est contestée. Certes, l'**équilibre emplois / ressources** en économie ouverte permet de mettre en évidence l'existence d'une épargne étrangère venant financer l'investissement national : mais est-ce l'épargne actuelle qui finance l'investissement d'aujourd'hui permettant l'**accumulation du capital**, des gains de productivité et donc la croissance ? Ou est-ce l'investissement d'aujourd'hui qui élève les revenus futurs dont une partie sera finalement épargnée ?

● En s'appuyant sur l'hypothèse du cycle de vie, on peut craindre un ralentissement de la croissance lié à la faiblesse de l'épargne. Mais la globalisation financière limite la relation qui existe, habituellement, entre épargne et investissement national. C'est notamment ce que montre l'expérience des PECO dans les années 2000 ou le financement par l'épargne des pays émergents de l'excès de demande dans les pays développés.

DOSSIER 5 Les conséquences de la dynamique démographique sur la consommation des ménages

● Dans la période actuelle, marquée par le chômage et le faible taux d'utilisation des équipements, la hausse de la consommation favorise la croissance. Mais la structure de la consommation se modifie avec le vieillissement démographique comme l'indiquent les enquêtes de consommation auprès des personnes les plus âgées.

● La composante dynamique de la consommation des seniors ouvre des débouchés inégaux aux différents secteurs de l'économie française. Une croissance lente, extensive, faite de services aux personnes âgées nécessitant de faibles qualifications, pourrait-elle s'imposer dès lors dans les vingt ans à venir ? La réponse dépend évidemment de la générosité des systèmes de retraite qui diminue au fil des réformes.

Notions complémentaires

Espérance de vie : moyenne des durées de vie d'une génération imaginaire qui serait soumise toute sa vie aux taux de mortalité par âge de l'année d'observation.

Fécondité : comportement des femmes et des couples en matière de procréation. La fécondité se mesure par l'indicateur conjoncturel de fécondité (somme des taux de fécondité par âge : rapport entre le nombre d'enfants nés vivants et le nombre de femmes en âge de procréer, c'est-à-dire entre 15 et 49 ans).

Papy-boom : choc de départ à la retraite des générations nées de 1945 à 1973. Démarré en 2005, son ampleur a jusqu'à présent été retardée par les réformes du système de retraite allongeant la durée de cotisation et conduisant au recul après 60 ans du départ de nombreux actifs.

Solde migratoire : différence entre immigration et émigration.

SCHÉMA BILAN

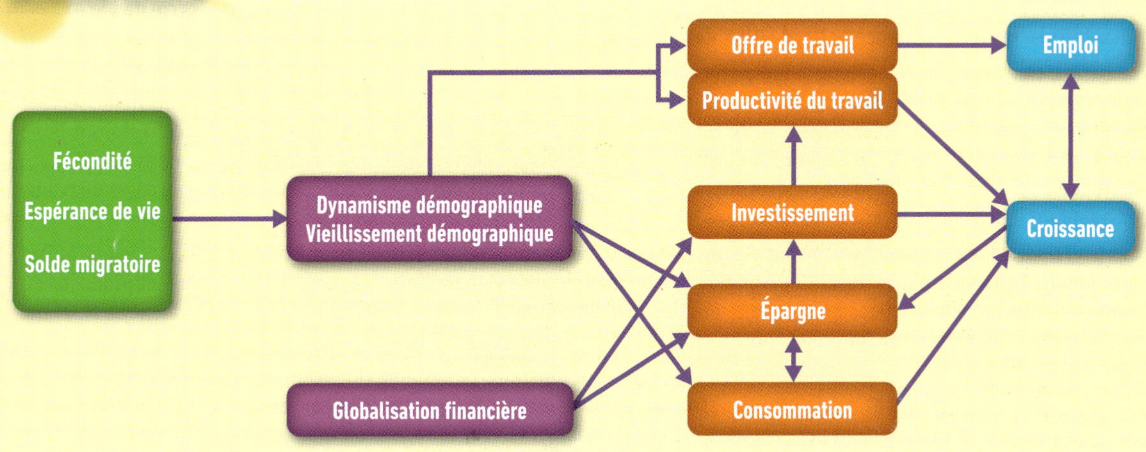

Exercices pour réviser

EXERCICE 1

Les affirmations suivantes sont-elles vraies ou fausses ?

1. Lorsque l'accroissement naturel baisse, la population diminue.
2. La croissance de la population active est le moteur principal de la croissance économique des pays développés.
3. Grâce à la globalisation financière, l'épargne des pays riches finance le développement des pays émergents.
4. Selon l'hypothèse du cycle de vie, l'épargne des adultes actifs finance l'excès des dépenses des inactifs retraités et des actifs jeunes sur leurs revenus.
5. En France, aujourd'hui, le niveau de vie des inactifs retraités est équivalent au niveau de vie moyen des actifs.
6. La fécondité des femmes françaises est aujourd'hui l'une des plus élevées d'Europe.
7. Le développement de la consommation des seniors permet de créer surtout de nombreux emplois qualifiés.
8. Avec l'âge, la productivité du travailleur baisse.

EXERCICE 2

Reliez chacune de ces variables démographiques à leurs effets économiques par un signe positif, négatif ou égal (si l'effet n'est pas évident).

	Population active	Épargne	Productivité	Consommation
Fécondité				
Espérance de vie				
Solde migratoire				

EXERCICE 3

Complétez le texte à l'aide des mots suivants :

fécondité – Sud – épargne (deux fois) – diffère – investissent – endettement – mortalité – jeunes – cycle de vie – instabilité – investir – financer – Nord – flux de capitaux.

Le vieillissement est un phénomène mondial, mais le rythme ...... selon les populations. En Europe, la baisse de la .... a commencé il y a presque trois siècles. Dans le monde en développement, en dehors de la Chine promise à un vieillissement accéléré, la ...., bien qu'en baisse, reste toujours plus élevée, et la mortalité plus forte. Ces sociétés resteront donc .... plus longtemps. Dans des économies ouvertes, de tels décalages démographiques devraient susciter des flux d'........ mutuellement avantageux. Selon la théorie du ...., en effet, les individus lissent leur consommation au cours du temps en adaptant leur comportement d'épargne.

Les pays du Nord, où dominent encore des classes d'âge actif en phase d'accumulation, devraient donc .... dans un Sud plus jeune et en phase d'............. L'épargne du monde industrialisé viendrait ainsi .... l'investissement productif du monde en développement. Dans un second temps, les revenus produits par cet investissement contribueraient au financement de l'État-providence du Nord : les flux de capitaux s'inverseraient du ..... vers le ....

Ce cadre ne correspond malheureusement pas à la réalité pour l'instant. Le système financier international actuel, marqué par l'............ des changes et la faiblesse des structures financières au Sud, ne favorise par les .... du Nord vers le Sud, qui se soldent régulièrement par de graves crises financières. Au contraire, ce sont plutôt les pays en développement qui .... aujourd'hui leur .... au Nord, en particulier aux États-Unis. C'est le monde à l'envers.

VERS LE BAC

Sujet 1 pour s'entraîner

SUJET Le vieillissement démographique menace-t-il la productivité du travail ?

DOCUMENT

L'impact du vieillissement sur la productivité moyenne dépend du profil de productivité par âge, or celui-ci est très mal connu. L'opinion courante voudrait que la productivité par âge suive une courbe en U inversée : croissante dans un premier temps grâce aux acquis de l'expérience qui augmentent et améliorent le capital humain, et décroissante ensuite. Cette réduction de la productivité des travailleurs âgés s'expliquerait par la diminution de certaines compétences physiques au-delà d'un certain âge, la détérioration de l'état de santé, l'obsolescence du capital humain acquis durant la période de formation initiale, voire la résistance aux innovations des personnes âgées. L'OCDE montre ainsi que la productivité après 55 ans diminue partout bien davantage en raison de la distance à la formation initiale que par un effet de vieillissement physique. Aubert et Crépon estiment l'évolution de la productivité avec l'âge *via* la « contribution » des différentes classes d'âge à la productivité des entreprises. La productivité des salariés augmente jusqu'à 40 ou 45 ans, avant de se stabiliser et de diminuer après 55 ans. Le profil de la productivité est proche de celui des rémunérations, du moins, avant 55 ans. Le salaire élevé des travailleurs âgés ne serait donc pas l'obstacle majeur à leur employabilité. Néanmoins, il s'agit de profils moyens de productivité, et non de profils individuels. De plus, les résultats ne concernent que les salariés en emploi, et non l'ensemble des individus.

La méthode des auteurs ne permet donc pas d'observer une éventuelle baisse de productivité en fin de carrière pour certaines catégories de salariés, si ces salariés moins productifs ont été évincés du marché du travail.

Les études sur données individuelles ne confirment pas cette détérioration de la productivité avec l'âge, notamment parce qu'elles peuvent être compensées par les effets positifs de l'expérience, néanmoins ces effets sont forcément plus limités pour les travailleurs les moins qualifiés. S'il n'est donc pas certain que la productivité individuelle baisse avec l'âge, des études monographiques laissent penser que les entreprises ont tendance à licencier les employés âgés qui leur semblent les moins performants, ce qui peut expliquer leur taux d'emploi relativement faible dans une grande partie de l'Europe.

Florent AUBRY-LOUIS, Mickael SYLVAIN, « Les effets du vieillissement sur l'économie française », *Écoflash*, n° 262, novembre 2011.

Point méthode

- Repérez les arguments en faveur d'une productivité plus faible des travailleurs âgés.
- Expliquez l'effet de structure qui conduit du vieillissement à la baisse de la productivité moyenne du travail.
- Attention à bien mettre en valeur l'effet de structure, à la fin du texte, qui s'appuie sur l'éviction des travailleurs les plus âgés.

VERS LE BAC

Sujet 2 pour s'entraîner

SUJET **Dans quelle mesure les structures démographiques influent-elles sur l'accumulation mondiale du capital à l'heure de la globalisation financière ?**

DOCUMENT 1

À partir de la fin des années 1990, des transferts internationaux d'épargne des pays émergents vers les pays développés [se développent]. [...] L'ouverture sur l'extérieur a permis aux premiers de connaître une croissance rapide malgré une propension à dépenser nettement inférieure à l'unité : en pesant notamment sur le cours de leurs monnaies, ces pays, ceux d'Asie principalement, ont déplacé en leur faveur le partage du marché mondial et permis à la demande adressée à leurs entreprises de croître plus vite que leur dépense domestique. Les pays développés, les États-Unis en particulier, ont réagi à la pression déflationniste qui en est résultée en soutenant la dépense de leurs agents par des politiques favorables à l'endettement. La demande intérieure y progressant plus vite que le revenu, ces pays sont devenus importateurs d'une épargne que les pays émergents avaient besoin d'exporter pour croître rapidement. Pour que ces transferts soient possibles, il a fallu toutefois que les risques financiers associés soient portés. La globalisation financière a joué ici un rôle essentiel : ces risques pouvant désormais être séparés, les opérateurs occidentaux ont pu prendre en charge ceux qui n'étaient pas pris par les pays émergents.

Anton BRENDER, Florence PISANI, « La crise de la finance globalisée », Insee, *Économie et Statistique*, nos 438-440, juin 2011.

DOCUMENT 2

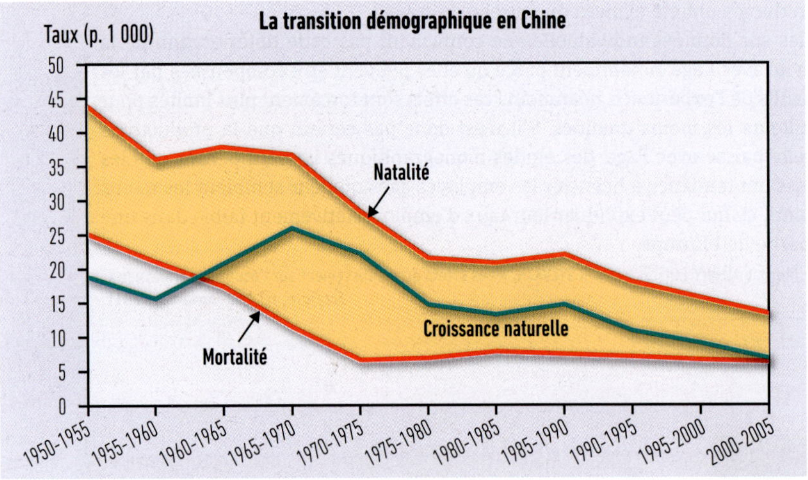

D'après Isabelle ATTANÉ, Magali BARBIERI, « La démographie de l'Asie de l'Est et du Sud-Est des années 1950 aux années 2000 », *Population-F*, (64)-1, 2009.

Point méthode

- Vous devez trouver une opposition entre les deux documents s'agissant des taux d'épargne au Sud.
- Utilisez le modèle de cycle de vie de Modigliani pour appréhender les effets théoriques sur l'épargne de la transition démographique inachevée en Chine.

Chapitre 2

Quel est l'impact des variables économiques et démographiques sur le financement de la protection sociale ?

DOSSIERS

1. La nécessité de financer les dépenses de protection sociale
2. Les difficultés de financement du système de retraite par répartition français
3. Les enjeux des réformes du système de retraite français
4. Les difficultés de financement du système de santé français
5. Les réformes du système de santé français et leurs enjeux

Notions du programme

- Aléa moral
- Capitalisation
- Incitations pécuniaires
- Ratio de dépendance
- Répartition
- Sélection adverse
- Taux de remplacement

La Sécurité sociale : un financement collectif de la solidarité

DOSSIER 1 La nécessité de financer les dépenses de protection sociale

DOC 1 • La protection sociale en France : un objectif béveridgien, des moyens bismarckiens

POUR COMMENCER

La Sécurité sociale a été créée en 1945 pour remplacer une solidarité reposant sur l'assistance par une solidarité reposant sur l'assurance. Conçue originellement d'après la doctrine béveridgienne fondée sur les trois « U » (unité : une caisse unique ; universalité : couverture de tous les risques pour tous ; uniformité : mêmes prestations pour tous), elle s'est en réalité construite à partir d'un financement bismarckien. Ainsi, ce sont les cotisations sociales calculées sur les salaires (et, avec la généralisation aux non-salariés, sur les revenus du travail) qui constituent l'apport financier principal. La Sécurité sociale française a également mis en place des prestations de remplacement du revenu proportionnelles et non forfaitaires, en cas de perte du salaire. Enfin, depuis 1967, la gestion du système est assurée par les salariés et les employeurs.

Bordas, 2012.

QUESTIONS

1. Lire. Quelles caractéristiques du système français de protection sociale en font un système bismarckien ?

2. Expliquer. Quelle caractéristique du système français de protection sociale le rapproche d'un système béveridgien ?

3. Expliquer. Pourquoi la Sécurité sociale permet-elle de « fermer les portes à la misère » ?

DOC 2 • Prélever pour redistribuer

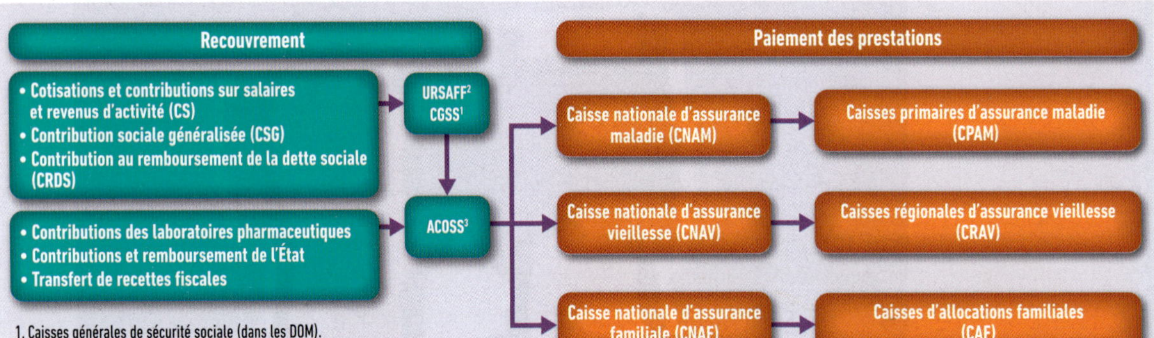

1. Caisses générales de sécurité sociale (dans les DOM).
2. Union de recouvrement des cotisations de sécurité sociale et d'allocations familiales.
3. Agence centrale des organismes de sécurité sociale.

D'après Adecri.

Ne pas confondre

La **redistribution** est **horizontale** entre bien portants et malades, actifs occupés et chômeurs, actifs et retraités. De contributeurs, les assurés sociaux deviennent simplement bénéficiaires en subissant le risque social correspondant. En revanche, lorsque l'État prélève des impôts sur certains contribuables pour financer des aides sociales à d'autres, la **redistribution** est **verticale**.

QUESTIONS

1. Lire. Quelles sont les différentes ressources financières du système français de protection sociale ?

2. Analyser. Le financement est-il exclusivement assuré par les cotisations des assurés ?

3. Lire. Contre quels risques sociaux sont-ils protégés ?

4. Analyser. Les prestations sont-elles toujours liées à des cotisations versées au préalable ?

DOC 3 • Les évolutions du financement de la protection sociale

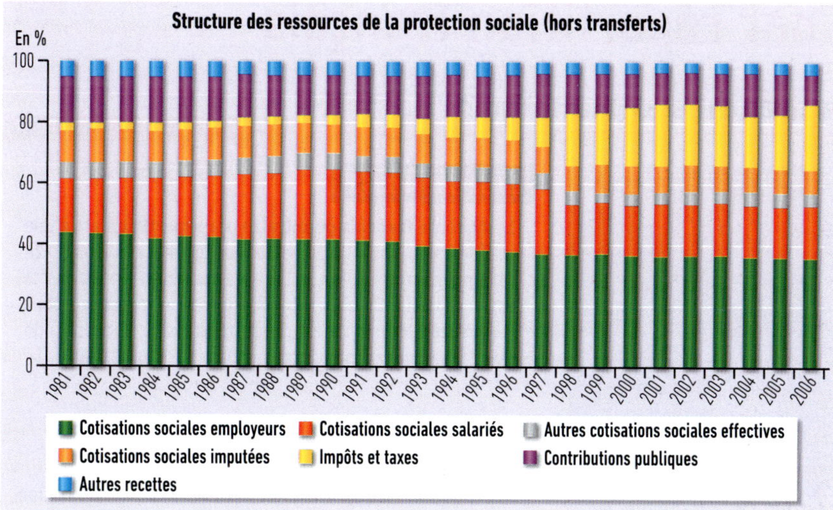

Note : les cotisations sociales imputées sont les cotisations sociales fictives que devraient verser les salariés pour bénéficier de prestations sociales que leurs employeurs leur fournissent directement et financent sur leurs propres ressources ; les autres cotisations sociales effectives sont payées par des travailleurs indépendants.

D'après DREES, « Vingt-cinq ans de comptes de la protection sociale : une rétropolation de 1981 à 2006 », *Études et résultats*, n° 647, août 2008.

QUESTIONS

1. Calculer. Quel est le poids de l'ensemble des cotisations sociales dans les recettes du système de protection sociale en 1981 et en 2006 ?

2. Comprendre. Comment le financement bismarckien du système français de protection sociale a-t-il évolué ?

3. Analyser. Quels sont les enjeux, pour le financement de la protection sociale, du retrait partiel des entreprises et de l'intervention croissante de l'État ?

DOC 4 • La crise de financement, une crise de l'État-providence parmi d'autres

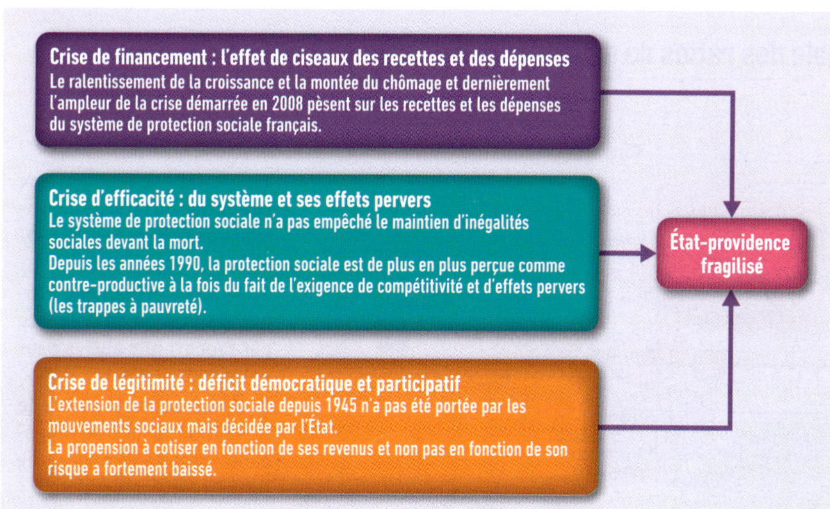

Bordas, 2012.

QUESTIONS

1. Expliquer. À l'aide d'exemples, expliquez l'effet de ciseaux des recettes et des dépenses.

2. Analyser. Par quels mécanismes le système de protection sociale pèse-t-il sur la compétitivité française ? Vous pouvez aussi utiliser le document 3 pour répondre.

3. Déduire. Pourquoi la volonté croissante de chacun de cotiser selon son risque plutôt que selon son revenu pose-t-elle problème au système de protection sociale ?

Faire le bilan

Reliez les mots et expressions suivants par une flèche.

Système béveridgien •	• Cotisations sociales payées par les assurés sociaux
Système bismarckien •	• Impôts payés par les citoyens
Risque universel •	• CSG
Risque professionnel •	• Santé
Fiscalisation de la Sécurité sociale •	• Retraite

Faites la synthèse.

Comment le financement de la protection sociale en France a-t-il évolué ?

DOSSIER 2

Les difficultés de financement du système de retraite par répartition français

DOC 1 • La retraite par répartition ou par capitalisation ?

POUR COMMENCER

Le saviez-vous ?

Le **système français de retraite par répartition** est d'une grande complexité. Par le nombre de régimes qu'il comporte (38) mais aussi par les règles déterminant les pensions, il est peu lisible. De plus, ses bénéfices sont incertains pour les assurés, alors qu'il est censé offrir moins d'incertitude que les marchés financiers (système par capitalisation).

QUESTIONS

1. Expliquer. En quoi un système de retraite par répartition repose-t-il sur la solidarité ?

2. Analyser. Pourquoi un système de retraite par capitalisation est-il individualiste ?

3. Déduire. Pourquoi, aujourd'hui, le système de retraite par répartition apparaît-il moins intéressant que le système par capitalisation pour les actifs ?

DOC 2 • La dégradation inégale des ratios de dépendance en Europe et en France

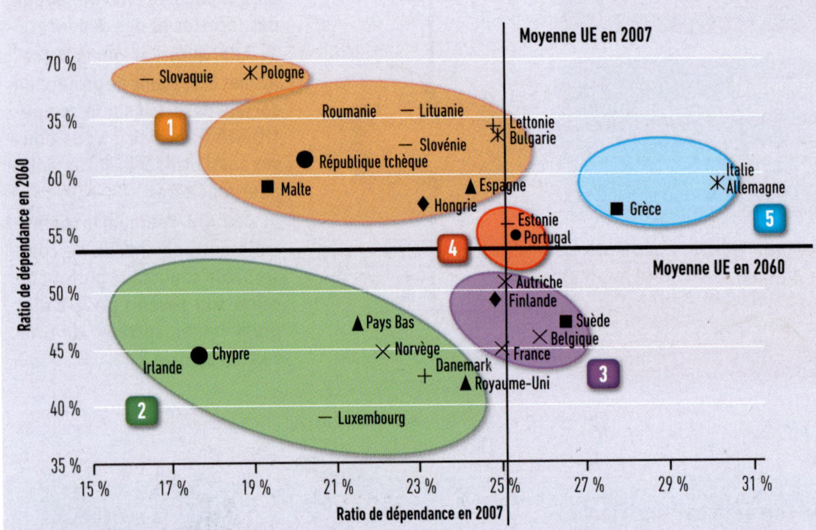

On peut distinguer cinq groupes de pays au sein de l'Union européenne des 27 :

- les pays avec un ratio de dépendance des personnes âgées inférieur à la moyenne communautaire en 2007 mais supérieur à cette moyenne en 2060 (groupe 1) ;
- les pays avec un ratio de dépendance inférieur à la moyenne communautaire en 2007 et en 2060 (groupe 2) ;
- les pays avec un ratio de dépendance proche ou supérieur à la moyenne communautaire en 2007 et inférieur à cette moyenne en 2060 (groupe 3) ;
- les pays dont les ratios de dépendance sont proches de la moyenne communautaire en 2007 comme en 2060 (groupe 4) ;
- les pays avec un ratio de dépendance supérieur à la moyenne communautaire en 2007 et en 2060 (groupe 5).

QUESTIONS

1. Lire. Faites une phrase avec l'évolution du ratio de dépendance de la France entre 2007 et 2060.

2. Analyser. Comment évolue la situation de la France par rapport aux autres pays entre 2007 et 2060 ?

3. Déduire. Compte tenu de l'évolution du ratio de dépendance, le système français de retraite doit-il être réformé ?

D'après Florent AUBRY-LOUIS et Mickael SYLVAIN, « Les effets économiques du vieillissement sur l'économie française », *Écoflash*, n° 262, novembre 2011.

DOC 3 • Les leviers du financement du système de retraite

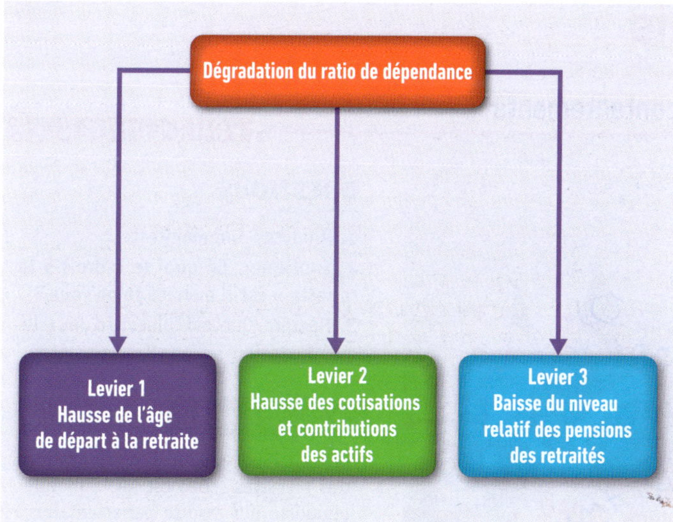

Notion

Ratio de dépendance : nombre de personnes dépendantes (par exemple les inactifs retraités) rapporté au nombre de personnes qui les prennent en charge (par exemple les actifs).

QUESTIONS

1. **Expliquer.** Pourquoi le fait de repousser l'âge de départ à la retraite facilite-t-il le financement du système de retraite ?
2. **Analyser.** Comment procède-t-on dans un régime de retraite par répartition pour baisser le niveau de vie des retraités relativement à celui des actifs ?
3. **Expliquer.** En quoi la hausse des cotisations des actifs facilite-t-elle le financement du système de retraite ?

DOC 4 • Comment assurer l'équilibre financier du système de retraite par répartition en 2050 ?

Conditions d'équilibre financier du système de retraite de 2008 à 2050

Utilisation d'un seul levier à la fois	Rapport de la pension moyenne nette au revenu d'activité moyen net	Taux de prélèvement	Âge effectif moyen de départ à la retraite
Ampleur de l'ajustement	– 36 %	+ 9,8 points	+ 10 ans

Lecture : les hypothèses retenues pour faire ces projections sont plutôt favorables puisque le taux de chômage rejoindrait un niveau de 4,5 % à l'horizon de 2022 et les gains de productivité retrouveraient leur tendance de long terme autour de 1,8 % par an (soit l'évolution moyenne observée de 1991 à 2007). Autrement dit, la crise serait totalement absorbée, le chômage retrouverait progressivement son niveau d'équilibre et la croissance son niveau potentiel.

Source : COR, « Retraites : perspectives actualisées à moyen et à long terme en vue du rendez-vous de 2010 », *huitième rapport*, 14 avril 2010.

Le saviez-vous ?

Toute réforme s'appuie sur une projection des besoins de financement du système de retraite. Toute réforme ne vaut donc que ce que vaut la projection. Il est ainsi nécessaire de revenir régulièrement sur les réformes passées afin d'en actualiser la pertinence en s'appuyant sur une nouvelle projection qui ne porte pas seulement sur le ratio de dépendance et la démographie mais aussi sur l'évolution future du taux de chômage ou les gains de productivité.

QUESTIONS

1. **Lire.** Faites une phrase avec le chiffre « + 10 ans ».
2. **Expliquer.** Que signifient les deux autres chiffres du tableau ?
3. **Analyser.** Pourquoi peut-on préférer utiliser plusieurs leviers en même temps ?
4. **Déduire.** Y a-t-il une seule réforme possible du système de retraite ?

Faire le bilan

Recopiez et complétez le texte avec les mots et expressions suivants :

le recul de l'âge effectif de départ à la retraite – la solidarité – la hausse des cotisations – la baisse du niveau relatif des pensions – le ratio de dépendance.

Le système français de protection sociale est fondé sur .... entre les actifs et les inactifs. Cependant, le vieillissement démographique fragilise l'équilibre financier du système en détériorant .... Plusieurs leviers peuvent néanmoins être actionnés : .... pèse sur les actifs, ... pèse sur les inactifs retraités. Enfin, ... pèse à la fois sur les actifs et les inactifs retraités.

Faites la synthèse.

Comment la démographie influence-t-elle l'équilibre financier du système français de protection sociale ?

DOSSIER 3

Les enjeux des réformes du système de retraite français

DOC 1 • Une réforme qui suscite des mécontentements

POUR COMMENCER

QUESTIONS

1. **Analyser.** Qui manifeste ?
2. **Expliquer.** En quoi le « droit à la retraite » est-il menacé selon vous ?
3. **Déduire.** Quel est l'objectif d'une telle manifestation ?

Le saviez-vous ?

Créé en 2000, le **Conseil d'orientation des retraites** (COR) est une structure pluraliste qui associe parlementaires, représentants des partenaires sociaux, experts et représentants de l'État. Il rédige des rapports sur l'impact du système de retraite et son fonctionnement ; il fait des propositions sur l'adaptation de ce système aux enjeux contemporains.

DOC 2 • Le feuilleton de la réforme des retraites

Cela fait déjà quasiment un quart de siècle que tous les trois ou cinq ans on procède à une « réforme des retraites », qui vise invariablement à rendre le système moins généreux pour en limiter le coût malgré le vieillissement de la population.
En 1987, le coup d'envoi est donné avec la décision de ne plus indexer l'évolution des pensions versées aux retraités sur celle des salaires des actifs, mais sur les prix. <u>Entraînant ainsi progressivement, au cours de la retraite, une perte sensible du pouvoir d'achat relatif des retraités vis-à-vis des autres salariés.</u>
En 1993, intervient la réforme dite « Balladur », du nom du Premier ministre de l'époque. Le niveau de la retraite de base des salariés du secteur privé, reposant jusque-là sur le salaire des dix meilleures années, est désormais calculé sur les vingt-cinq meilleures années. Ce qui a pour conséquence d'en diminuer notablement le montant. Parallèlement, pour avoir droit à une retraite à taux plein, il faut désormais avoir cotisé 40 ans, au lieu de 37,5 jusqu'alors.
En 1996, ce sont les régimes de retraites complémentaires [...] qui réduisent le nombre des points accordés chaque année à leurs cotisants, limitant par là même la retraite qu'ils leur verseront plus tard.
En 2003, la règle des quarante ans de cotisation, qui ne s'appliquait qu'au secteur privé, est étendue à la fonction publique.
En 2008, même chose pour les régimes spéciaux de retraite des grandes entreprises publiques. La durée de cotisation nécessaire pour une retraite à taux plein est également portée à quarante et un ans à partir de 2012 [pour tout le monde].
En 2010, nouvelle saison du feuilleton... [Entre juillet 2011 et 2018, au rythme de quatre mois par an, l'âge de départ à la retraite à taux plein passera de 60 à 62 ans].

Guillaume DUVAL, « Il n'y a pas de fatalité démographique », *Alternatives économiques*, n° 290, avril 2010.

Le saviez-vous ?

La **loi d'août 2003** pose le principe d'un allongement de la durée de cotisation proportionnel à celui de la durée moyenne de vie à la retraite. De 2004 à 2007, la durée de cotisation a ainsi été allongée de deux trimestres par an et de 2008 à 2010 d'un trimestre par an. Avec la réforme de 2010, quatre mois supplémentaires de cotisation chaque année sont demandés depuis 2011.

QUESTIONS

1. **Lire.** Que signifie la phrase soulignée ?
2. **Expliquer.** Pourquoi le mode de calcul de la pension de retraite introduit en 1993 est-il désavantageux pour celui qui part en retraite ?
3. **Analyser.** Comment cherche-t-on à faire partir plus tardivement les actifs à la retraite sans reculer l'âge légal de départ à la retraite (60 ans depuis 1981) depuis 1993 ?
4. **Comprendre.** En quoi la réforme de 2010 est-elle différente des réformes précédentes ?

DOC 3 • Avantager ou éviter de pénaliser les générations les plus défavorisées ?

Si l'on se penche [...] sur le cas des toutes premières générations qui ont bénéficié de la mise en route du système, on n'a guère d'état d'âme : [...] les rendements élevés ont profité à des générations particulièrement pénalisées par l'histoire et ont été pris en charge par des générations immédiatement postérieures dont la vie active s'est totalement inscrite dans une période favorable de forte croissance. Il y a bien eu redistribution intergénérationnelle. [...] Toute la question est de savoir si le même raisonnement peut s'appliquer de manière prospective. On retombe là sur un clivage majeur qui traverse le débat sur la retraite depuis qu'il existe. Ce clivage oppose ceux qui considèrent que la croissance à venir, même modérée, permettra sans aucun problème aux actifs de demain de financer l'ensemble des dépenses additionnelles, et ceux qui pensent au contraire que c'est leur imposer un sacrifice insupportable auquel ils auront bon droit de s'opposer. Les tenants de la deuxième thèse pencheront naturellement vers les solutions [d'une] hausse de l'âge de la retraite, [d'une] baisse du taux de remplacement[1] ou [d'une] hausse anticipée du taux d'effort par le recours à une dose de capitalisation, alors que les premiers laisseront facilement la porte ouverte à la solution consistant à reporter à demain ou après-demain la hausse du taux d'effort en minimisant l'ajustement des droits pour les générations actuellement actives. [Pourtant], un niveau de vie des actifs de 2050 qui, au sens du PIB par tête, serait le double du nôtre assure-t-il que ces générations auront toute facilité à financer non seulement des retraites plus longues, mais aussi à financer la restauration de l'environnement, la recherche de modes de production plus économes en énergie, les autres besoins en matière de santé ou d'éducation, tout en acquittant les intérêts de la dette publique qu'on leur aura laissée ?

Didier BLANCHET, « Le débat sur la retraite en France : le critère intergénérationnel aide-t-il à trancher ? », « Le choc des générations ? », *Regards croisés sur l'économie*, n° 7, mai 2010.

1. Il s'agit ici du pourcentage du revenu d'activité que représente la pension de retraite.

QUESTIONS

1. **Déduire.** Pourquoi la mise en place d'un système de retraite par répartition après la Seconde Guerre mondiale n'a-t-elle pas engendré de conflits entre les générations ?
2. **Analyser.** En quoi l'endettement pourrait-il permettre d'assurer l'équilibre financier du système de retraite dans les années à venir ?
3. **Lire.** L'auteur est-il favorable à la solution de l'endettement ? Pourquoi ?
4. **Expliquer.** Que signifie le fait d'introduire « une dose de capitalisation » dans le système de retraite par répartition ?

DOC 4 • La capitalisation n'est pas la solution miracle

Le ralentissement démographique met aussi en difficulté le système de retraite par capitalisation [...]. Cependant, la mondialisation financière atténue beaucoup ce problème : les situations démographiques des pays du Nord et du Sud sont contrastées, et la rémunération d'un portefeuille géographiquement bien diversifié devrait être peu sensible au ralentissement démographique que connaissent les pays industrialisés. [...]

Les réformes des systèmes de retraite, confrontés à une évolution démographique défavorable, incluent fréquemment une réduction de la part de la répartition au profit d'un développement des fonds de pension. En première approximation, cette substitution ne change pas grand-chose. Les réductions des cotisations au premier système seront placées par les salariés dans le second système. Parallèlement, la baisse des pensions versées par le premier système sera compensée, et au-delà, par la hausse de celles distribuées par le second système. Mais le système de répartition sera en déficit durant une période de transition où il devra continuer à verser les pensions aux bénéficiaires de droits acquis, tout en disposant de ressources moindres. Le coût de l'endettement public plus élevé qui résultera de cette situation devra être financé par une nouvelle taxe perpétuelle.

Jean-Pierre LAFFARGUE, « La réforme du système des retraites : à qui les sacrifices ? », CEPREMAP, *OPUS*, n° 8, 2007.

QUESTIONS

1. **Expliquer.** Pourquoi un système de retraite par capitalisation serait plus rentable qu'un système par répartition à l'heure de la mondialisation ?
2. **Analyser.** Quels sont les problèmes de financement liés au passage à un système par capitalisation ?
3. **Déduire.** Suffit-il de remplacer le système actuel de retraite en difficulté par un système par capitalisation ?

Faire le bilan

Rédigez un texte expliquant l'existence de solutions internes et externes pour équilibrer le financement du système de retraite par répartition en utilisant les mots ou expressions suivants :

croissance économique – baisse du niveau relatif des pensions – endettement – développement de la capitalisation – hausse des cotisations / prélèvements – recul de l'âge effectif de départ à la retraite.

Faites la synthèse.

Une réforme des retraites « équitable » est-elle possible ?

DOSSIER

4 Les difficultés de financement du système de santé français

DOC 1 • Le « trou » de l'Assurance maladie depuis vingt ans

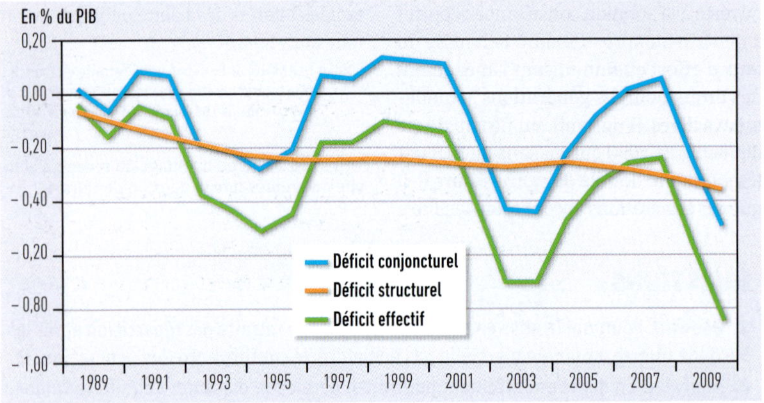

Le déficit effectif est égal à la somme du déficit conjoncturel et du déficit structurel. Les recettes de l'Assurance maladie étant pour l'essentiel proportionnelles aux revenus et donc au PIB, elles augmentent avec la croissance économique et diminuent en cas de récession. Ainsi, les crises produisent un déficit par la baisse des recettes liée à la seule conjoncture et non à un problème de financement permanent, lié à la faiblesse structurelle des recettes et l'importance structurelle des dépenses. Lorsque la croissance potentielle est réalisée, ce déficit conjoncturel disparaît et seul un déficit structurel peut encore produire le déficit effectif.

Gérard CORNILLEAU et Thierry DEBRAND, « Crise et déficit de l'Assurance maladie. Faut-il changer de paradigme ? », *Revue de l'OFCE*, Presses de Sciences Po, n° 116, janvier 2011.

POUR COMMENCER

La démarche de l'économiste

Les économistes séparent une évolution en deux composantes : l'une structurelle, la **tendance**, et l'autre conjoncturelle qui, si elle est régulière, est nommée le **cycle**. La tendance peut être appréhendée de manière historique – c'est l'évolution moyenne sur une longue période – ou de manière théorique – c'est le résultat d'un équilibre économique obtenu à l'aide d'un modèle de l'économie.

QUESTIONS

1. **Lire.** Depuis vingt ans, comment le déficit effectif a-t-il varié par rapport au déficit conjoncturel ?
2. **Déduire.** Qu'en déduisez-vous ? Appuyez-vous sur une sous-période pour illustrer votre propos.
3. **Expliquer.** Comment s'explique le déficit effectif entre 1997 et 2001 ?
4. **Analyser.** Comment le déficit structurel a-t-il évolué depuis vingt ans ?

DOC 2 • Le vieillissement n'est pas la seule cause de la hausse des dépenses de santé

Le vieillissement démographique devrait conduire mécaniquement à une hausse des dépenses de santé de 1,8 point pour la France entre 2010 et 2060. En effet, les dépenses de santé augmentent avec l'âge : les dépenses de soins sont de 2 à 2,5 fois supérieures entre 60 et 80 ans, et de plus de 3,5 fois au-delà, à ce qu'elles sont entre 40 et 50 ans. [Pourtant], de manière générale, l'évolution du poids des dépenses de santé dans le PIB dépend de bien d'autres facteurs que du vieillissement démographique. Il s'agit d'abord de l'évolution de la richesse nationale, des prix relatifs des soins et produits de santé, du progrès technique notamment en ce qu'il étend l'offre de soins ; mais aussi, bien sûr, des modes de régulation du système et de l'effet à long terme des réformes. Il est clair à cet égard que les dépenses ont eu tendance à s'accroître plus rapidement dans les systèmes « à remboursement » comme en France que dans les modèles de soins publics intégrés (Royaume-Uni, Danemark, Suède), ou même dans les systèmes où les médecins sont liés aux assureurs publics par des mécanismes de contractualisation (Pays-Bas). Mais le vieillissement de la population française risque de peser bien plus à l'avenir avec l'augmentation du nombre de personnes âgées dépendantes. Aujourd'hui, la prise en charge de ces personnes combine à la fois solidarité familiale et solidarité collective par le biais de prestations comme l'allocation personnalisée d'autonomie. Or, la solidarité familiale pourrait diminuer car le nombre moyen d'aidants potentiels par personne âgée dépendante aura tendance à diminuer.

Florent AUBRY-LOUIS, Mickael SYLVAIN, « Les effets économiques du vieillissement sur l'économie française », *Écoflash*, n° 262, SCEREN-CNDP, novembre 2011.

Le saviez-vous ?

Les **dépenses courantes de santé** (DCS) s'élèvent à 234,1 milliards d'euros en 2010, soit 12,1 % du PIB : la consommation de soins et de biens médicaux (CSBM) en représente les trois quarts avec 175 milliards d'euros et le reste est constitué d'autres dépenses (comme les indemnités journalières par exemple).

QUESTIONS

1. **Résumer.** Quels sont les facteurs d'évolution de la dépense de santé ?
2. **Expliquer.** Pourquoi les dépenses de santé augmentent-elles avec l'âge ?
3. **Déduire.** Quelles dépenses de santé pourraient fortement augmenter avec le papy-boom dans les années à venir ?

DOC 3 • Priorité à la hausse des dépenses, hier comme aujourd'hui

En dehors des facteurs objectifs de croissance de la demande de soins que sont le vieillissement de la population et la pandémie du Sida, la hausse des dépenses de santé a été associée, jusqu'au début des années 1990, à l'existence d'une « coalition inflationniste ». Les syndicats de salariés et patronaux [...] soutenaient cette hausse avec l'accord des organisations professionnelles de médecins et d'une industrie pharmaceutique puissante. [...] Le ralentissement de la croissance et les récessions récurrentes ont mis en crise une telle gestion du système, désormais décrit du côté de l'État comme plus coûteux et moins efficient économiquement que ceux des autres pays européens. [Depuis, s'est mise en place] une coalition d'intérêts sociaux également inflationniste. Le cœur en est l'alliance entre l'État et la médecine libérale, et la périphérie, d'un côté les partenaires sociaux présents dans les caisses où la CFDT a désormais remplacé la CGT-FO en tant que partenaire du Medef, organisation où le secteur des industries pharmaceutiques est aujourd'hui dominé par celui de la finance assurantielle[1], de l'autre, les organismes d'assurance complémentaires au sein desquels la mutualité est largement dominante.

Jean-Claude BARBIER et Bruno THÉRET, *Le Système français de protection sociale*, Repères, n° 382, 2e édition, 2009.

1. Il s'agit des compagnies d'assurance qui recherchent le profit et souhaitent vendre des complémentaires santé prenant en charge ce que la Sécurité sociale ne rembourse plus.

QUESTIONS

1. **Expliquer.** Donnez le sens de l'expression « coalition inflationniste ».
2. **Décrire.** Représentez, sous la forme d'un schéma, la coalition actuelle composée d'un centre et d'une périphérie.
3. **Illustrer.** Illustrez l'accord du « centre » ou de la « périphérie » par un exemple de hausse de dépense.
4. **Déduire.** Quel est l'enjeu de la résorption du « trou de la Sécu » ?

DOC 4 • Quelle régulation du système de santé ?

La régulation peut porter à la fois sur les pratiques médicales (définition de normes de bonnes pratiques, de protocoles) et sur le montant et l'usage des ressources financières. [...] Chaque pays a mis en place une forme particulière de régulation de son système de santé. L'histoire des professions médicales et le mode d'organisation du système [...] permettent de comprendre le type de régulation retenu. [...] Le principe d'autogestion par les partenaires sociaux [a] permis au système allemand de fonctionner sur la base d'une négociation permanente. [...] Aux États-Unis, l'offre de soins est principalement privée, et 75 % des Américains sont couverts par une assurance santé privée. Dans ce cadre, c'est au marché qu'est confiée la régulation du système. [...] Sur le marché de la santé, on pensait que la régulation viendrait de la rencontre entre l'offre et la demande. [...] Mais ce n'est pas ce que l'on a constaté. Du fait de la capacité de l'offre médicale à induire la demande, les prix sont restés élevés et les actes très nombreux. [...] L'augmentation très forte des dépenses de santé aux États-Unis a mis les assureurs en danger en menaçant leur rentabilité. Au cours des années 1990 notamment, les assureurs privés ont de plus en plus participé à l'organisation de l'offre de soins par la mise en place de filières ou de réseaux intégrés de soins d'une part, en définissant et en imposant certaines pratiques médicales d'autre part. [...] Dans les systèmes nationaux de santé [comme en Grande-Bretagne], au contraire, la régulation est organisée par le financeur étatique. Elle peut prendre des formes relativement radicales : définition de pratiques médicales imposées soumises à contrôle et à sanctions, limitation des budgets, organisation de la pénurie. [...] La rationalisation des dépenses et la définition *a priori* du budget permettent de limiter les dépenses publiques consacrées à la santé, mais conduisent au rationnement quantitatif des soins. Faute de moyens suffisants, les hôpitaux sont conduits à inscrire les patients sur des listes d'attente pour accéder aux soins courants et non urgents.

Bruno PALIER, *La Réforme des systèmes de santé*, PUF, coll. Que sais-je ?, 2010.

QUESTIONS

1. **Analyser.** Le « trou » de la Sécurité sociale est-il inéluctable ?
2. **Lire.** Illustrez le passage souligné.
3. **Expliquer.** L'exemple des États-Unis est-il celui d'une régulation marchande traditionnelle par les prix ?
4. **Analyser.** À partir de l'exemple britannique, pensez-vous qu'une politique de la santé doit se réduire à limiter administrativement le budget de la santé ?

Faire le bilan

Recopiez et complétez le texte avec les mots et expressions suivants :

coalitions inflationnistes – l'évolution du PIB et du progrès technique – conjoncturel – vieillissement démographique – structurel.

Du fait de la crise économique actuelle, le « trou » de la Sécurité sociale est aujourd'hui bien plus .... que .... Il demeure que le .... pèse sur le financement de l'Assurance maladie, même si c'est encore dans une proportion moindre que .... L'organisation du système de soins est peut-être aussi trop coûteuse, ce qui pourrait être lié en partie à la succession de .... en France.

Faites la synthèse.

Quels sont les acteurs de l'Assurance maladie ?

DOSSIER 5

Les réformes du système de santé français et leurs enjeux

DOC 1 • Faire payer le patient pour le responsabiliser ?

POUR COMMENCER

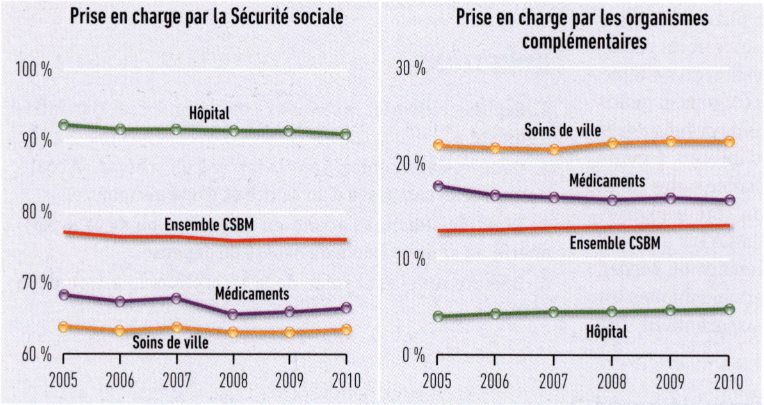

Lecture : CSBM : consommation de soins et biens médicaux.

Source : DREES, « Les comptes nationaux de la santé en 2010 », *Études et résultats*, n° 773, septembre 2011.

Le saviez-vous ?

Les **médicaments** à vignette blanche barrée (médicaments reconnus comme irremplaçables et coûteux) sont remboursés à 100 %, mais les médicaments à vignette orange (médicaments à service médical faible) ne le sont qu'à 15 %. Entre les deux, les autres médicaments sont remboursés à 30 % ou à 65 %.

Notion

Aléa moral : situation où un agent, non ou mal informé, ne peut pas contrôler l'action d'un partenaire qui peut en profiter (par exemple, dans un contrat d'assurance, le client, une fois assuré, peut être incité à prendre plus de risques).

QUESTIONS

1. **Lire.** Pourquoi la plupart des Français ont-ils une assurance complémentaire ?
2. **Analyser.** À l'aide de l'exemple des médicaments, montrez que les Français même pourvus d'une telle assurance ont encore à prendre en charge une partie des frais.
3. **Définir.** Expliquez le titre du document à l'aide de la notion d'aléa moral.

DOC 2 • Réformer sans accroître les inégalités

Toute la difficulté, c'est de garantir l'accès aux soins utiles en limitant la consommation de soins inutiles. [...] Les dépenses de soins élevées, celles qui entraînent plusieurs centaines, voire de milliers d'euros, sont rarement des dépenses inutiles, ça ne sert à rien d'essayer d'inciter les patients à réduire ces dépenses. [...] En revanche, du côté des petites dépenses, des soins récurrents, ça peut avoir un sens de faire participer l'usager au financement car ça peut améliorer l'efficacité de la dépense de soins, [...] on diminue alors davantage la part des dépenses inutiles que la part des dépenses utiles, mais on diminue aussi la part des dépenses utiles, donc ce n'est pas la panacée. [...] Au bout du compte, une franchise annuelle [...], ce qui existe ailleurs dans beaucoup de pays sans que ça pose des problèmes en termes d'état de santé de la population [...], où tous les premiers euros jusqu'à un certain montant sont à payer par la personne qui accède au système de soins et, en contrepartie, cela a un plafond sur la dépense annuelle de type « bouclier sanitaire » ; au-delà d'un certain montant, la personne ne paye alors plus rien du tout et est ainsi couverte contre le risque de devoir payer une dépense de soins importante. Évidemment, en termes d'équité, d'inégalités, on voudrait, et c'est très important, qu'autant la franchise que le plafond dépendent du revenu de la personne.

Transcription de l'interview de Pierre-Yves GEOFFARD, colloque « La santé à quel prix ? », www.laviedesidees.fr, 12 décembre 2008.

Le saviez-vous ?

Puisque les individus sont appréhendés comme faisant des **choix rationnels**, il ne s'agit pas d'interdire un comportement, mais de le rendre dissuasif, par exemple en augmentant son coût.

Notion

Sélection adverse : dans une situation d'informations asymétriques et insuffisantes, les agents économiques sont conduits à prendre des décisions contraires à ce qu'ils recherchaient initialement.

QUESTIONS

1. **Analyser.** À l'aide de la définition de la sélection adverse, précisez l'incitation faite aux usagers par l'introduction d'une franchise médicale.
2. **Lire.** Quel est l'enjeu principal de l'introduction d'une franchise médicale ?
3. **Expliquer.** Pourquoi l'introduction d'une franchise annuelle réduit-elle aussi les dépenses de santé utiles ?
4. **Lire.** Que signifie la phrase soulignée ?

DOC 3 • Une Assurance maladie ingouvernable ?

Pour faire face à [l']augmentation des dépenses de santé, la France semble avoir tenté sans succès toutes les formes de régulation possibles : par l'État, par la négociation, par le marché. Les politiques françaises de (non ?)-régulation du système de santé se décomposent en effet en trois grandes étapes. La première est marquée [au cours des années 1970] par la fixation des prix à des niveaux bas, régulation étatique autoritaire, sans effet du fait de la compensation des volumes qu'autorise le paiement à l'acte. Dans un deuxième temps, et tout au long des années 1990, l'État et les caisses d'assurance maladie tentent de négocier des enveloppes de dépenses avec les professions médicales, sans succès du fait de l'absence de responsabilisation de chacun des acteurs. Les mesures issues du plan Juppé de 1995 ne parviendront pas non plus à stopper l'augmentation des dépenses de santé. La troisième étape, préfigurée par certains aspects du plan Juppé et amplifiée avec la réforme Douste-Blazy de l'été 2004, la mise en place des franchises en 2008 et des agences régionales de santé en 2009, consiste à restructurer profondément le système, avec un renforcement des acteurs étatiques pour la protection maladie de base aux dépens des partenaires sociaux, et un délestage d'une part plus grande des soins courants aux individus et au secteur concurrentiel privé.

Bruno PALIER, *La Réforme des systèmes de santé*, PUF, coll. Que sais-je ?, 2010.

La quadrature du cercle des réformes des systèmes de santé

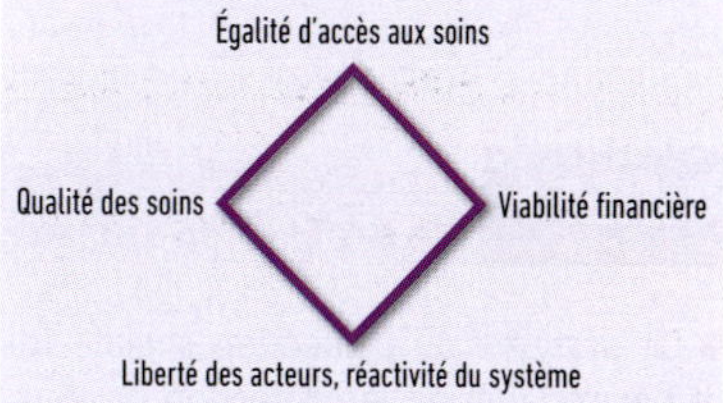

Lecture : des objectifs sociaux (garantir les mêmes soins pour tous), sanitaires (obtenir de meilleurs résultats de santé), économiques (assurer la viabilité financière et la compétitivité des systèmes) et politiques (obtenir la satisfaction des usagers et des prestataires).

D'après Bruno PALIER.

QUESTIONS

1. **Expliquer.** Quel effet pervers produit la fixation des prix à un niveau faible dans les années 1970 ?
2. **Lire.** Pour quelle raison, selon l'auteur, les réformes des années 1990 ont-elles échoué ?
3. **Déduire.** Quel pôle du schéma ci-dessus a été particulièrement privilégié au total dans les réformes successives de l'Assurance maladie ?

DOC 4 • Privatisation et dualisation du système de santé français

Les réformes des années 1990 et 2000 ont été négociées avec les partenaires sociaux sur la base de la distinction entre prestations contributives (à financer par des cotisations sociales) et prestations non contributives. Il s'agissait de distinguer entre assurances sociales et solidarité nationale. Mais séparer assurance et solidarité implique que les assurances sociales ne doivent plus être solidaires.

[… Ces réformes] ont toutes contribué à dualiser le système français de protection sociale. Cette dualisation est triple. Premièrement, elle sépare les populations en deux groupes : ceux qui relèvent de l'assurance (ayant suffisamment contribué pour bénéficier des prestations d'assurance sociale, Sécurité sociale et complémentaires) et ceux qui relèvent de la solidarité (ne devant compter que sur les prestations sous condition de ressources). En second lieu, la protection sociale est maintenant fournie par des dispositifs publics mais aussi privés. Pour ceux qui relèvent de l'assurance, la protection sociale elle-même ne relève plus seulement du secteur public, la part prise par les organismes privés étant de plus en plus importante. […]

Troisièmement, la protection sociale obligatoire (publique) se retrouve de plus en plus dualisée en deux mondes de la protection sociale : les secteurs relevant toujours principalement des assurances sociales (retraites et chômage, même s'ils intègrent des prestations sous condition de ressources destinées aux plus démunis) et les secteurs relevant de plus en plus d'une logique non contributive, financée par l'impôt et servant des prestations forfaitaires (santé et famille, politiques sociales de l'État – nationales, départementales et communales).

Serge PAUGAM, *Repenser la solidarité*, PUF, 2007.

QUESTIONS

1. **Expliquer.** Pourquoi les assurances sociales sont-elles de moins en moins sociales ?
2. **Expliquer.** Pourquoi y a-t-il une privatisation partielle de la protection sociale ?
3. **Analyser.** Pourquoi y a-t-il désormais « deux mondes de la protection sociale » ?

Faire le bilan

Indiquez si les solutions proposées risquent de provoquer l'une ou l'autre des asymétries d'information.

Aléa moral •	• Déremboursement de médicaments
Sélection adverse •	• Franchises médicales
	• Paiement des consultations à l'acte

Faites la synthèse.

Quels sont les enjeux des réformes de l'Assurance maladie ?

L'ESSENTIEL

Quel est l'impact des variables économiques et démographiques sur le financement de la protection sociale ?

DOSSIER 1 La nécessité de financer les dépenses de protection sociale

- Le système de protection sociale instauré en France en 1945 poursuit l'objectif béveridgien de la protection de tous par des moyens bismarckiens : un financement par les cotisations sociales assises sur les revenus du travail et une gestion par les partenaires sociaux. Le ralentissement de la croissance, la montée du chômage et dernièrement l'ampleur de la crise pèsent sur les recettes et les dépenses du système de protection sociale français. Ces difficultés financières, en partie conjoncturelles, sont accentuées par des facteurs structurels comme le vieillissement démographique.
- Dans ce cadre, l'**État-providence** connaît une triple crise de financement, d'efficacité et de légitimité. Le financement de la protection sociale a évolué vers une fiscalisation croissante, notamment depuis l'introduction de la contribution sociale généralisée (CSG) en 1990, faisant augmenter les **prélèvements obligatoires**, ce qui peut nuire à l'efficacité économique car le coût du travail augmente. Pour améliorer la légitimité du fonctionnement, les partenaires sociaux partagent de plus en plus la gestion du système avec l'État.

DOSSIER 2 Les difficultés de financement du système de retraite par répartition français

- Dans un **système de retraite par répartition**, les actifs financent les retraites des inactifs par une opération de redistribution horizontale : ce faisant, ces actifs acquièrent des droits à percevoir une retraite lorsqu'ils seront inactifs.
- Le financement d'un tel système est sensible à l'évolution du **ratio de dépendance** des personnes en retraite. Le vieillissement de la population et le papy-boom pour les 25 ans à venir vont dégrader considérablement ce ratio, même si la démographie française reste relativement plus dynamique que celle de ses voisins européens. Pour tenter de trouver des réponses à ces difficultés de financement, les réformes des retraites s'enchaînent, s'adaptant en permanence aux nouvelles conditions socio-économiques. Ainsi en est-il des arbitrages entre dégradation du **taux de remplacement**, recul de l'âge effectif de départ à la retraite et hausse des cotisations des actifs. Même si la science économique éclaire ce problème de financement, il reste que ce sont aux instances politiques de déterminer les recours respectifs à ces trois leviers.

DOSSIER 3 Les enjeux des réformes du système de retraite français

- Après avoir privilégié la hausse des cotisations dans les années 1980, les réformes françaises ont mis l'accent sur le recul de l'âge de départ effectif à la retraite depuis les années 1990 (par l'augmentation du nombre de trimestres de cotisation donnant droit à une retraite à taux plein). Depuis 1993, la baisse lente mais programmée du niveau de vie relatif des retraités par rapport aux actifs est devenue une réalité. L'utilisation d'un quatrième levier – l'endettement du système au détriment des générations futures – s'est aussi imposée dans un contexte où la faible croissance économique pèse sur les recettes du système. Cette hausse de l'endettement pourrait nourrir un conflit de générations et inciter les actifs à adopter, au moins partiellement, un **système de retraite par capitalisation**. Pourtant, celui-ci, loin d'être une solution au problème du financement des retraites, produit de nouvelles formes d'inégalités.

Acquis de Première

Asymétrie d'information : situation où, sur un marché, l'un des deux acteurs dispose d'une meilleure information. Cette asymétrie, fréquente, risque de compromettre le fonctionnement efficace du marché.

État-providence : au sens large, ensemble des interventions économiques et sociales de l'État. Dans un sens plus restreint, intervention de l'État uniquement dans le domaine social.

Fonctions économiques de l'État : définies par Musgrave, elles sont au nombre de trois : l'allocation des ressources, la distribution et la régulation.

Prélèvements obligatoires : impôts, taxes et cotisations sociales perçus par les administrations publiques (État, collectivités locales, administrations de Sécurité sociale).

Production marchande : production destinée à être échangée sur un marché à un prix couvrant les coûts de production.

Production non marchande : production fournie gratuitement ou à un prix nettement inférieur à son coût de production.

Relation d'agence : contrat par lequel une ou plusieurs personnes (le principal) engage(nt) une autre personne (l'agent) pour accomplir une tâche, impliquant la délégation d'une partie de l'autorité de prise de décision à l'agent.

Revenus de transfert : revenus versés par la Sécurité sociale ou l'État pour aider les ménages à faire face à des risques (chômage, maladie...) ou à des charges de famille. Ces revenus sont perçus par les ménages sans contribution directe à la production.

Solidarité : lien volontaire ou involontaire, qui peut être privé ou collectif, entre des individus afin de s'entraider.

Notions du programme

Aléa moral : situation où un agent, non ou mal informé, ne peut pas contrôler l'action d'un partenaire qui peut en profiter (par exemple, dans un contrat d'assurance, le client, une fois assuré, peut être incité à prendre plus de risques).

Capitalisation (système de retraite par) : financement individuel de la retraite plaçant des sommes sur les marchés financiers (donc capitalisées). Au moment de

DOSSIER 4 Les difficultés de financement du système de santé français

- On peut expliquer le « trou de la Sécu » de différentes façons. La dimension structurelle du besoin de financement s'est accentuée depuis vingt ans, le vieillissement démographique n'étant pas la cause principale. C'est avant tout la crise économique et la diminution des rentrées fiscales qui expliquent l'essentiel du déficit depuis 2008.
- Le système français de santé dépense cependant plus que les autres systèmes nationaux de santé des pays de l'OCDE, à l'exception des États-Unis, mais avec une régulation différente : la place laissée aux mécanismes marchands, comme celle laissée à la régulation étatique, est plus faible en France que dans les systèmes nordiques par exemple. Cette plus grande dépense apparaît davantage comme la conséquence d'une « coalition inflationniste » au centre de laquelle on trouve aujourd'hui l'État et la médecine libérale.

DOSSIER 5 Les réformes du système de santé français et leurs enjeux

- Ce n'est pourtant pas faute d'avoir essayé de maîtriser la hausse des dépenses par la régulation étatique ou par la négociation à l'allemande. L'échec des réformes du système de santé, lié aux effets pervers et à l'**aléa moral** produits par les dispositions retenues, s'accompagne d'une générosité décroissante du système dans la prise en charge des patients, renvoyés à leur éventuelle mutuelle complémentaire et à leurs revenus. Des **incitations pécuniaires** doivent amener les patients à limiter les dépenses de santé, mais font courir le risque d'une hausse des inégalités. Ainsi, les franchises médicales, introduites pour limiter la **sélection adverse**, peuvent conduire certaines personnes à ne pas se soigner.
- Un dernier axe de réforme de l'assurance santé conduit à privatiser et à dualiser le système français de santé. Certes encore minoritaire par rapport à la **production non marchande** de services de santé, la **production marchande** de services de santé des organismes privés prend cependant une place croissante au risque d'exclure certaines personnes et de limiter la **solidarité**.

la retraite, l'actif récupère sous forme de mensualités les sommes placées (son épargne) durant la période active. Ce financement est donc sensible aux performances boursières et financières.

Incitations pécuniaires : système d'avantages ou de désavantages monétaires utilisé par un acteur afin d'inciter l'individu à se comporter conformément à son intérêt. Les incitations peuvent être positives ou négatives comme le système du bonus / malus par exemple dans l'assurance automobile.

Ratio de dépendance : nombre de personnes dépendantes (par exemple les inactifs retraités) rapporté au nombre de personnes qui les prennent en charge (par exemple les actifs).

Répartition (système de retraite par) : financement de la retraite par les actifs occupés sur la base de cotisations sociales qui sont ensuite réparties entre les retraités : les actifs occupés d'aujourd'hui paient pour les actifs occupés d'hier. Ce financement est donc sensible au rapport entre les inactifs en retraite et les actifs qui cotisent.

Sélection adverse : dans une situation d'informations asymétriques et insuffisantes, les agents économiques sont conduits à prendre des décisions contraires à ce qu'ils recherchaient initialement.

Taux de remplacement : exprimé en pourcentage, c'est la pension en euros versée à un retraité pour 100 euros de revenu d'activité qu'il touchait lorsqu'il était actif.

SCHÉMA BILAN

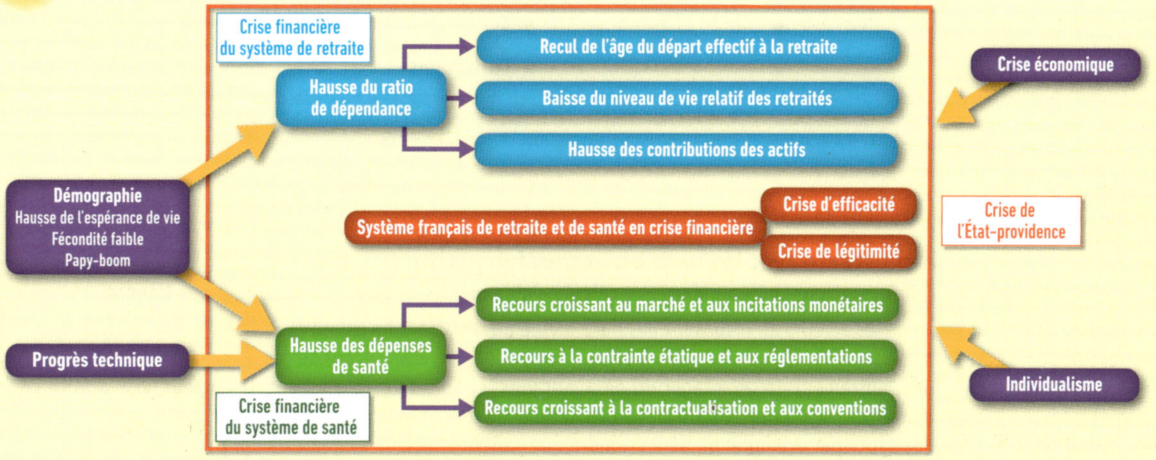

Exercices pour réviser

EXERCICE 1

Les affirmations suivantes sont-elles vraies ou fausses ?

1. La protection sociale protège des risques sociaux.
2. L'État-providence ne connaît qu'une crise de financement.
3. Un système de retraite par répartition signifie que les retraités se répartissent les retraites entre eux.
4. Le ratio de dépendance est le degré du manque d'autonomie (physique et psychique) d'une personne âgée.
5. L'Assurance maladie ne protège que les travailleurs qui cotisent.
6. Le « trou de la Sécu » n'a cessé de se creuser depuis trente ans.
7. Le ticket modérateur ou les franchises médicales visent à lutter contre l'aléa moral des assurés.
8. Il n'y a pas d'autres solutions que de reculer l'âge légal de départ à la retraite.

EXERCICE 2

Indiquez l'effet de chacune de ces variables démographiques sur la protection sociale par un signe « + », « - » ou « = » (si l'effet est nul).

Impacts des variables démographiques sur les dépenses des systèmes de protection sociale à l'horizon d'une vingtaine d'années		
	Retraite	Santé
Faible fécondité		
Hausse de l'espérance de vie		
Papy-boom		

EXERCICE 3

Reliez les expressions suivantes entre elles.

Système de retraite par répartition •	• Charge relative des retraités pour les actifs
Système de retraite par capitalisation •	• Niveau de vie relatif en retraite par rapport à l'activité
Taux de remplacement •	• Épargne
Ratio de dépendance •	• Cotisations

EXERCICE 4

Recopiez et complétez le texte avec les mots ou expressions suivants :

principal – asymétrie d'information – indépendantes – calculs – aléa moral – incitations pécuniaires – l'agent.

Lorsque sur un marché, tous les acteurs ne disposent pas de la même information, on est en présence d'................ L'hypothèse de l'*homo œconomicus* consiste à postuler que les acteurs font des .... avant de prendre la meilleure décision. Introduire des ...., autrement dit avantager ou désavantager tel ou tel comportement de l'acteur, vise à faire se comporter .... conformément à l'intérêt du .... Puisque les cotisations sociales payées sont .... de l'utilisation du système de santé par exemple, on peut craindre que l'agent abuse du système en multipliant les avis de médecins et les examens. On parle d'................

Sujet 1 pour s'entraîner

SUJET Faut-il réguler la liberté d'installation des médecins généralistes pour améliorer le financement de la santé en France ?

DOCUMENT 1

Nombre de médecins généralistes libéraux pour 100 000 habitants, en 2008

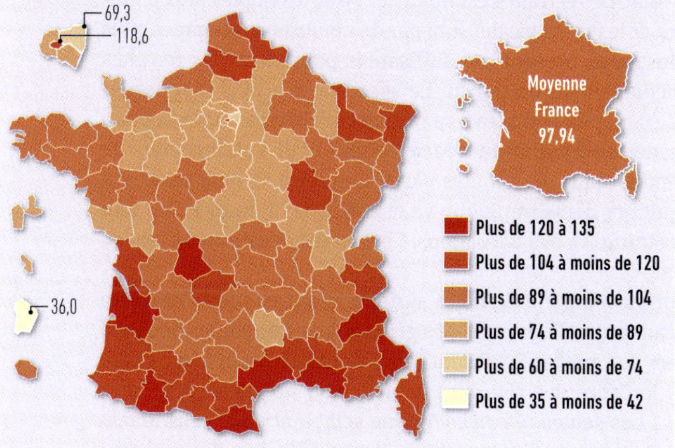

D'après *Alternatives économiques*, hors-série, n° 90, octobre 2011.

DOCUMENT 2

Le développement des centres de santé pluridisciplinaire peut améliorer l'attractivité de certaines régions, mais il ne répond que très partiellement aux questions posées par la désertification médicale. Des incitations avaient été mises en place par l'Assurance maladie en 2007 : elle proposait aux médecins qui s'installent en « zone déficitaire » de bénéficier d'une majoration de 20 % de leurs honoraires. Cette politique a échoué. En 2010, seuls 50 d'entre eux y ont répondu favorablement. Les médecins restent extrêmement attachés à la liberté d'installation. Pourtant, on peut légitimement s'interroger sur la persistance de ce pilier du statut libéral, dans un contexte où les inégalités d'accès aux soins s'accroissent et où leur financement continue d'être très largement socialisé *via* l'Assurance maladie.

Les médecins ne bénéficient pas du même statut partout en Europe et ne sont pas tous organisés de la même façon. Ainsi, en Suède, aux Pays-Bas, au Royaume-Uni ou en Finlande, la grande majorité des médecins généralistes exercent dans des centres de santé regroupant plusieurs praticiens. Les médecins spécialistes travaillent, quant à eux, en clinique ou à l'hôpital. [...] Par rapport à ces modèles d'organisation très intégrés, l'Allemagne, la Belgique et la France se caractérisent par une relative absence de coordination et d'organisation planifiées de la médecine de ville et des soins primaires. Dans ces pays, le modèle libéral reste beaucoup plus prégnant.

David BELLIARD, « La médecine libérale n'a plus la cote », *Alternatives économiques*, n° 304, juillet 2011.

Point méthode

- L'inégale répartition des médecins généralistes sur le territoire français n'est pas une exploitation suffisante du document : essayez de caractériser les « déserts médicaux ».
- Reformulez l'argumentation en « étau » de l'auteur (les autres pistes ont échoué, le financement est socialisé).
- Attention à ne pas émettre de jugement de valeur, par exemple en faisant des médecins généralistes les responsables des difficultés de financement. Appuyez-vous sur le dernier paragraphe.

Sujet 2 pour s'entraîner

SUJET À quelles conditions la croissance économique peut-elle sauver les systèmes de protection sociale menacés par le vieillissement démographique ?

DOCUMENT

Le premier enjeu de la réforme des retraites est financier. Avec les faibles taux d'emploi des jeunes, des seniors, et le temps partiel subi par de nombreuses femmes, plus un chômage élevé, les cotisations ne sont pas suffisantes pour payer les retraites actuelles. La France est actuellement en déficit. Le second est, à plus long terme, démographique. La taille de la population active va rester stable tandis que le nombre de retraités va augmenter, du fait à la fois du « papy-boom » et de l'allongement de la durée de vie : non seulement plus de retraités partent en retraite, mais ils vivent plus longtemps. Ce déséquilibre démographique va être difficile à financer, en tout cas au niveau actuel des retraites et des cotisations. Ce sont les deux enjeux mis en avant par le gouvernement.
Mais si l'on veut une réforme complète de notre système, d'autres méritent d'être soulignés [...] comme le traitement différentiel des générations. Les générations qui partent en retraite au cours des années 2000 sont celles dont le revenu à la retraite est le plus élevé, et dans le cadre des réformes actuelles ou prévues, on ne leur demande aucun effort. [...] Les seules réformes qui me semblent aller dans le bon sens sont celles qui investissent dans l'économie de l'avenir. En fait, il aurait tout simplement fallu appliquer la stratégie de Lisbonne, essayer de devenir une économie de la connaissance, performante, de créer plus et de meilleurs emplois. Il faudrait que les Européens continentaux, dont les Français, ne soient pas schizophrènes et cessent de faire le contraire de ce qu'ils disent à Bruxelles. On n'en serait peut-être pas là si on avait appliqué la stratégie de Lisbonne. Le taux d'emploi des seniors atteindrait 50 % (les Allemands y sont parvenus), 3 % de notre PIB serait consacré à la recherche (le chiffre est supérieur en Suède), on aurait amélioré nos systèmes éducatifs et mieux pris en charge la petite enfance... Les solutions ne doivent pas être cherchées très loin. Je regrette que la stratégie UE 2020, qui garde le côté « économie de la connaissance », et le pacte de stabilité et de croissance, aient perdu beaucoup de la dimension sociale de la stratégie de Lisbonne. Parce que tous les objectifs de Lisbonne n'ont pas été atteints, on jette le bébé avec l'eau du bain. On oublie que des progrès considérables ont été faits, non en France mais dans beaucoup de pays, concernant l'emploi des femmes et des seniors.

Bruno PALIER, « Pas de bonne réforme des retraites sans économie de l'avenir », touteleurope.eu, 30 avril 2010.

Point méthode

- Distinguez bien l'impact financier de la faiblesse de la croissance depuis trente ans de celui du vieillissement démographique.
- Expliquez comment le retour de la croissance peut résoudre la crise financière de l'État-providence.
- Montrez l'irréductibilité du conflit de générations au retour de la croissance.

Thème 2

Stratégies d'entreprises et politique de concurrence dans une économie globalisée

Stratégies d'entreprises et politique de concurrence dans une économie globalisée

Les enjeux

Dans une économie globalisée et soumise aux pressions d'une concurrence exacerbée, le succès de chaque entreprise repose sur sa capacité à effectuer les meilleurs choix stratégiques au bon moment. S'affranchissant autant que possible de la concurrence pure et parfaite, les entreprises font en sorte de maintenir leur avance, leurs différences et leur pouvoir de marché.

Se contentent-elles dans ces conditions d'être de simples « preneuses de prix », acceptant le jeu du marché ? La coopération ou les regroupements ne sont-ils pas supérieurs à une bataille des prix et des quantités ? La détention de ressources rares et de brevets constitue-t-elle une barrière efficace à l'entrée de nouveaux concurrents ? En contrepartie, la concentration excessive des marchés ne conduit-elle pas à des préjudices importants ? Les exemples quotidiens de discrimination par les prix ou par les abus de position dominante ne manquent pas.

Dans ce contexte, la politique de concurrence a pour rôle d'établir des règles du jeu identiques pour toutes les entreprises : cartels, abus de position dominante, concentrations excessives ou aides de l'État sont rigoureusement surveillés, et parfois sanctionnés. Les services publics sont également soumis à l'ouverture des marchés, permettant ainsi au consommateur d'effectuer un réel choix entre les différents fournisseurs.

Cependant, le fait de réhabiliter la concurrence permet-il de gagner une plus grande efficacité économique et sociale ? Les amendes sont-elles véritablement dissuasives ? Les nouveaux services sont-ils de meilleure qualité ? Ces questions ouvrent un débat sur la nécessité d'une politique de concurrence, sur la manière de la rendre plus profitable à tous.

« Seul un concurrent mort n'est pas dangereux »

John D. ROCKEFELLER

Dans quelles circonstances les entreprises peuvent-elles exercer un pouvoir de marché ?

Chapitre
3

DOSSIERS

1 Les entreprises s'appuient sur la diversité des structures de marché pour grandir

2 Les entreprises recourent à des stratégies différentes pour gagner des parts de marché

3 Les entreprises veillent à dresser des barrières à l'entrée pour préserver leur marché

4 Les fusions-acquisitions permettent de constituer des situations de monopole

5 Les stratégies de prix du monopole discriminant, une solution optimale ?

Notions du programme

- Barrière à l'entrée
- Faiseur de prix
- Monopole discriminant

Les entreprises indiennes achètent-elles l'économie européenne ?

DOSSIER 1 Les entreprises s'appuient sur la diversité des structures de marché pour grandir

DOC 1 • Quand les marchés préfèrent se libérer de la concurrence

POUR COMMENCER

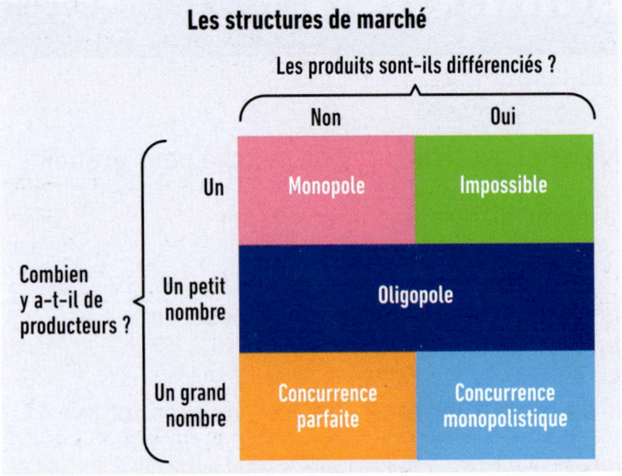

Le comportement d'une firme donnée et le marché sur lequel elle évolue sont analysés à partir de l'un des quatre modèles de structure de marché – le monopole, l'oligopole, la concurrence parfaite ou la concurrence monopolistique. Ce système de catégorisation des structures de marché repose sur deux dimensions : 1. Le caractère différencié ou identique des produits et 2. Le nombre de producteurs sur le marché – un, quelques-uns ou un grand nombre.

Paul KRUGMAN, Robin WELLS, *Microéconomie*, De Boeck Université, coll. Ouvertures économiques, 2009.

QUESTIONS

1. **Identifier.** Rappelez les caractéristiques des différents marchés en donnant des exemples.
2. **Déduire.** Par quels moyens les entreprises peuvent-elles s'affranchir de la concurrence ?
3. **Argumenter.** Montrez qu'en différenciant leurs produits les entreprises peuvent obtenir, au moins temporairement, un pouvoir de marché.
4. **Expliquer.** À quelle structure de marché correspond chacun de ces produits ?

DOC 2 • Du monopole national à la concurrence en Europe : le retour forcé du marché ?

Pôle emploi, qui ne bénéficie plus du monopole du placement des chômeurs depuis 2006, va notamment devoir faire face à la concurrence accrue des agences d'intérim. Leur poids, non négligeable en matière de placement ou d'accompagnement des chômeurs, devrait encore se renforcer. Adecco, premier réseau intérimaire dans le monde, est déjà « le premier employeur de jeunes en France » grâce à la transformation de 100 000 missions de plus de six mois en CDI, chaque année pour les jeunes de moins de 26 ans. Et l'entreprise ne compte pas en rester là. « *On a quelques idées* », avoue François Davy, son président. L'une de ses filiales, Adia, va ainsi se focaliser sur l'emploi des jeunes. « *Nous allons notamment proposer un plan d'actions à 1 000 PME qui ont des besoins en recrutement et aller à la rencontre de 15 000 jeunes pour les rapprocher du monde de l'entreprise* », explique son directeur général, Didier de Courtille.

Marc LANDRÉ, « Bertrand met Pôle emploi en "concurrence" », *Le Figaro*, 4 juillet 2011.

QUESTIONS

1. **Lire.** Quels sont aujourd'hui les concurrents de Pôle emploi ?
2. **Décrire.** Quelles sont les mesures spécifiques qu'Adecco met en place pour remédier au chômage des jeunes ?
3. **Argumenter.** Quels sont les avantages du retour à la concurrence ?
4. **Illustrer.** Donnez d'autres exemples d'ouverture à la concurrence imposée par la Commission européenne.

DOC 3 • La situation d'oligopole se consolide et progresse

La course au gigantisme des entreprises et des banques a repris de plus belle. Des sociétés, fragilisées, disparaissent ou sont rachetées, accélérant les concentrations. [...] Le gigantisme est de retour. Mercredi 6 janvier, la Commission européenne a annoncé son feu vert au projet de rachat de Cadbury par Kraft, à condition que les activités de chocolat de Cadbury en Pologne et en Roumanie soient cédées. Kraft mène une offre publique d'achat (OPA) hostile qui, si elle aboutit, créera le premier groupe mondial de confiserie, de chocolat et chewing-gum devant Mars-Wrigley. Ce n'est pas une exception. [...] Dans de nombreux secteurs, [...] les discussions ont repris : alliances, coopérations, acquisitions ? Les sidérurgistes s'inquiètent ainsi de l'opération de fusion, en cours, des activités de minerai de fer des géants anglo-australiens Rio Tinto et BHP Billiton, qui contrôleraient ensemble plus d'un tiers des exportations mondiales de minerai de fer, risquant de former un « duopole[1] » avec le leader brésilien Vale (32,8 % du marché). [...] Dans l'automobile, des projets tous azimuts sont évoqués à la suite du rachat de Chrysler par Fiat ou de Volvo par le Chinois Geely : PSA et Mitsubishi, Volkswagen et Suzuki. La vague va du transport aérien (British Airways-Iberia) aux logiciels (Sun-Oracle). [...] Alors que la crise a été en partie causée par les effets d'une cartellisation excessive de certaines activités financières, elle a, de fait, renforcé ce phénomène. Lors des trois derniers mois de 2009, les opérations de fusion-acquisition ont atteint 625,4 milliards de dollars (439 milliards d'euros) dans le monde, le plus haut niveau depuis le troisième trimestre 2008, marqué par la faillite de la banque Lehman Brothers, et la panique qui en a découlé.

Adrien DE TRICORNOT, « Les oligopoles sortent gagnants de la crise », *Le Monde*, 12 janvier 2010.

1. Structure de marché dans laquelle deux entreprises fabriquent un même bien et fournissent la totalité de l'offre de ce bien.

Notion

Offre publique d'achat (OPA) : déclaration qu'une entreprise ou un groupe effectue publiquement en vue d'acheter une partie ou l'ensemble des actions d'une société dans un délai donné.

QUESTIONS

1. **Argumenter.** La cartellisation ou les regroupements entre entreprises peuvent-ils expliquer en partie la crise ? Justifiez votre propos.
2. **Déduire.** Comment le marché a-t-il réagi à la crise financière ?
3. **Analyser.** Cette reprise des fusions-acquisitions vous surprend-elle ?

DOC 4 • La fin du modèle de preneur de prix : les entreprises sont des « faiseurs de prix »

Dans le modèle concurrentiel de base, chaque entreprise considère que le prix de marché est une donnée. Si une entreprise tente d'accroître si peu que ce soit son prix, elle perdra tous ses clients. En concurrence imparfaite, l'entreprise perdra une partie mais pas la totalité de sa clientèle quand elle fait payer un prix légèrement supérieur à celui du marché. En concurrence imparfaite, les entreprises ne se contentent pas de « prendre » le prix que leur dicte le marché. Elles sont « faiseurs de prix » (*price makers*). Qu'elle soit « preneur de prix » ou « faiseur de prix », toute entreprise doit essayer de maximiser ses profits [...] en comparant l'augmentation de recette que lui procure la production d'une unité supplémentaire – sa recette marginale – au coût supplémentaire (ou marginal) nécessaire pour produire cette unité supplémentaire. [...] [En concurrence imparfaite,] l'entreprise sait qu'elle ne peut pas se contenter de vendre autant qu'elle le souhaite au prix courant. Elle a conscience que pour vendre davantage il faut prendre des mesures plus volontaristes : baisser son prix ou augmenter ses dépenses publicitaires. [...] Selon que l'entreprise est en monopole, en concurrence monopolistique ou en oligopole, la réponse des prix aux variations des ventes sera différente.

Joseph E. STIGLITZ, Carl E. WALSH, J. D. LAFAY, *Principes d'économie moderne*, De Boeck Université, coll. Ouvertures économiques, 2007.

Le saviez-vous ?

Si le marché était en concurrence pure et parfaite, l'existence des entreprises ne serait pas nécessaire. Ce paradoxe a conduit Ronald Coase, dans *The Nature of the Firm* (1937), à s'interroger sur l'existence des firmes. Si la libre concurrence fonctionnait partout, il n'y aurait pas besoin d'entreprises, lieux où l'agent se soumet au pouvoir hiérarchique. Pour Coase, le recours à la firme s'explique parce que le fonctionnement du marché engendre des coûts de transaction qu'une organisation comme l'entreprise permet de réduire.

QUESTIONS

1. **Définir.** Rappelez le principe du modèle de preneur de prix.
2. **Expliquer.** Comment les entreprises peuvent-elles devenir « faiseurs de prix » ?
3. **Illustrer.** Argumentez avec des exemples actuels.

Faire le bilan

Pour chacun des exemples suivants, indiquez la structure du marché en précisant la nature de la différenciation.

1. Le marché de l'iPad.
2. Le marché de l'électricité.
3. Le marché du Coca zéro et du Coca light.
4. Le marché de la bière.

Faites la synthèse.

Pourquoi les entreprises ont-elles intérêt à s'extraire de la situation de concurrence ?

DOSSIER 2

Les entreprises recourent à des stratégies différentes pour gagner des parts de marché

DOC 1 • Quand la coopération est possible, les entreprises préfèrent passer des ententes

POUR COMMENCER

Le dilemme du prisonnier est un type de jeu dû à Albert W. Tucker, qui l'inventa en 1950 alors qu'il était à Stanford. Deux suspects (A et B) sont arrêtés et interrogés par la police. Enfermés dans des cellules séparées, ils ne peuvent communiquer entre eux. N'ayant pas assez de preuves pour les inculper, les policiers les interrogent individuellement en leur faisant la proposition qui suit : « Si l'un dénonce son complice et que l'autre ne le dénonce pas, le premier sera remis en liberté et l'autre écopera de dix ans de prison. Si l'un dénonce l'autre et inversement, les deux écoperont de cinq ans de prison. Si personne ne se dénonce, chacun fera un an de prison. »

Voici résumées les situations possibles en fonction des décisions des deux prisonniers A et B :

A / B	Se tait	Dénonce
Se tait	(– 1 ; – 1)	(– 10 ; 0)
Dénonce	(0 ; – 10)	(– 5 ; – 5)

La stratégie de dénonciation est une stratégie dominante (quelle que soit la stratégie de l'autre, le joueur a un gain supérieur ou égal au gain qu'il peut attendre de toutes ses autres stratégies) : chaque joueur a intérêt à dénoncer l'autre (cinq ans de prison est une solution préférable à dix ans). Ici, rappelons-le, les deux joueurs (enfermés dans des cellules différentes) ne peuvent se mettre d'accord, mais si cela était possible, l'entente leur permettrait d'échapper à une longue peine d'emprisonnement et de n'écoper que d'un an de prison chacun. Les solutions possibles montrent que la recherche de l'intérêt individuel ne permet pas toujours d'atteindre l'optimum collectif et qu'il est préférable pour chacun de coopérer même si les gains sont inférieurs. Le dilemme du prisonnier peut être appliqué aux situations des entreprises et permet de comprendre pourquoi certaines décisions semblent contraires à l'intérêt général.

Bordas, 2012.

Le saviez-vous ?

La coopération entre entreprises n'est pas toujours légale. Il y a entente lorsque deux ou plusieurs entreprises s'associent, par contrat ou sans contrat, dans un but déterminé, pour une opération particulière ou pour une période donnée, tout en conservant leur autonomie juridique. Ces ententes sont interdites par la Commission européenne sauf lorsqu'elles profitent aux consommateurs ou qu'elles permettent d'améliorer la production et / ou la distribution.

QUESTIONS

1. **Déduire.** Est-ce que le prisonnier A a intérêt à dénoncer le prisonnier B ?
2. **Expliquer.** Dans quels cas la situation des deux prisonniers est-elle la plus avantageuse ?
3. **Analyser.** Quel parallèle pouvez-vous établir avec les stratégies des entreprises ?
4. **Expliquer.** Pourquoi les entreprises ont-elles parfois davantage intérêt à coopérer qu'à être en concurrence ?

DOC 2 • Quand la coopération n'est pas possible, les prix permettent la concurrence

Pascal Montredon, président de la confédération des buralistes, assure que les fabricants espagnols ont baissé le prix de chaque paquet de 10 à 20 centimes. [...] « *Le paquet de Marlboro* (la marque la plus vendue des deux côtés des Pyrénées, ndlr) *est à 4 euros (contre 4,25 en mai) en Espagne, alors qu'il est à 5,90 euros en France. Pour une cartouche, l'écart est de 19 euros* », s'emporte M. Montredon. *Sur d'autres marques, l'écart dépasse les 2 euros au paquet*, insiste-t-il, soulignant qu'en France les prix ne peuvent pas varier de la même manière. « *À la veille des vacances, et alors que l'Espagne semble être une destination privilégiée, nous sommes très inquiets des conséquences de ce différentiel de prix* », explique-t-il. Une étude récente de l'Observatoire des drogues et des toxicomanies estime à 20 % la part des paquets de cigarettes achetés à l'étranger, fumés en France, hors réseau des 28 000 buralistes français. Cette proportion grimpe à mesure qu'on se rapproche des frontières espagnoles ou belges, pays où le différentiel de prix avec la France est important. M. Montredon rappelle que la profession s'est battue à l'automne pour obtenir que le gouvernement fixe à cinq cartouches la quantité maximale de tabac pouvant être achetée et transportée de l'étranger. Mais la Commission européenne a demandé à la France de supprimer cette limitation au nom de la libre circulation des marchandises.

« Les buralistes sont furieux, la baisse des prix espagnols ne fait pas un tabac », *L'Écho de la Lys*, 5 juin 2011.

QUESTIONS

1. **Analyser.** Quels peuvent être les effets de la baisse des prix chez les consommateurs ?
2. **Identifier.** Quelle est la part des paquets de cigarettes achetés à l'étranger et fumés en France ? Comment cette part évolue-t-elle à proximité des frontières ?
3. **Débattre.** La baisse du prix du paquet de cigarettes aurait-elle une incidence sur la vente des buralistes du reste du territoire ?

DOC 3 • Les entreprises peuvent se faire concurrence par les quantités

Après avoir vendu près de 14,8 millions d'iPad en 2010 dans le monde, Apple compte bien dépasser ce chiffre de vente avec l'iPad 2. Pour assurer son succès et éviter les ruptures de stock, Apple a pris depuis longtemps toutes ses précautions. Les rumeurs en provenance des usines chinoises laissaient déjà entendre que la firme de Cupertino avait commandé au constructeur Foxconn 400 000 à 600 000 unités de l'iPad 2 pour son lancement.

Il apparaît aujourd'hui qu'Apple détiendrait près de 60 % du marché mondial des écrans tactiles avant même leurs sorties des chaînes de montage. L'objectif d'Apple est de mettre 40 millions de tablettes sur le marché en 2011. Avec de telles quantités, Apple porte un nouveau coup à la concurrence en provoquant une raréfaction des composants. Cette stratégie laisserait à Apple le champ libre pour accroître ses ventes en inondant le marché d'iPad 2 pendant que les autres sociétés peineraient à assurer les livraisons.

Elizabeth SUTTON, « iPad 2 : Apple a un appétit d'ogre », www.idboox.com, 19 février 2011.

QUESTIONS

1. Comprendre. Quel est l'objectif d'Apple en proposant de si grandes quantités sur le marché ?

2. Analyser. Comment cette stratégie permettra-t-elle à Apple d'augmenter ses ventes ?

3. Expliquer. La concurrence par les quantités est-elle sûre ?

Le saviez-vous ?

Dans une **situation de duopole**, chacun des producteurs cherche à maximiser son profit mais doit tenir compte du comportement de son concurrent. Par rapport à la situation de concurrence, chaque producteur peut ici jouer sur les quantités offertes sur le marché et influencer les prix.

DOC 4 • La fonction de réaction indique la stratégie d'offre d'une entreprise

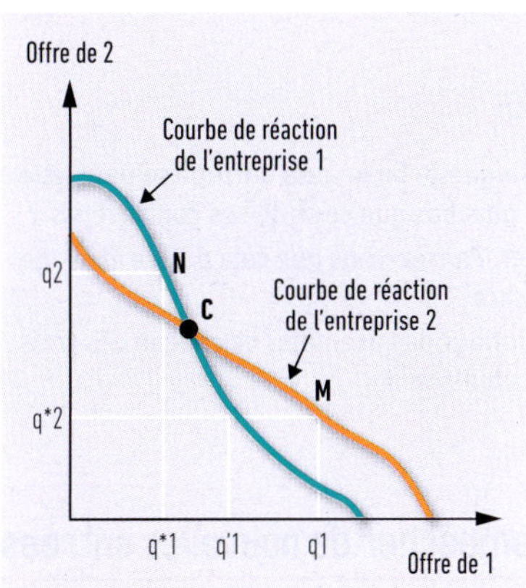

Dans le duopole de Cournot[1], chaque entreprise définit la quantité à produire simultanément et elle suppose que la quantité produite par le concurrent soit fixée. La fonction de réaction (ou de meilleure réponse) donne donc la production optimale au regard de ce qu'elle pense que l'autre entreprise va produire.

Au point M, l'entreprise 1 proposera une quantité de q1 en supposant que l'entreprise 2 mettra une quantité q*2 sur le marché. Or l'offre de l'entreprise 2 est de q2.

Au point N, l'entreprise 2 proposera une quantité de q2 en supposant que l'entreprise 1 mettra une quantité q*1 sur le marché. Or l'offre de l'entreprise 1 est de q1.

Ici, chaque entreprise doit revoir sa fonction d'offre jusqu'à atteindre l'équilibre, point C où q1 = q2, et où chacune maximise son profit, compte tenu de la production de son concurrent.

Bordas, 2012.

1. Situation où deux entreprises présentes sur le marché se font concurrence sur les quantités, à la différence du duopole de Bertrand où les deux entreprises se font concurrence sur les prix.

QUESTIONS

1. Lire. Que signifient les points N et M ?

2. Lire et expliquer. Quel est le point qui désigne l'équilibre de Cournot ?

3. Analyser. Quelles limites indique le schéma ?

La démarche de l'économiste

La **théorie des jeux** offre un cadre conceptuel pertinent pour appréhender les stratégies des entreprises. Alors que le modèle de concurrence pure et parfaite prône la maximisation individuelle du profit sous contrainte de coûts de production, la théorie des jeux montre que la coopération entre entreprises peut être bénéfique, mais difficile à mettre en œuvre.

Faire le bilan

Recopiez le schéma expliquant les stratégies pour gagner des parts de marché et remplissez-le en utilisant les termes suivants :

situation de coopération – situation de non-coopération – concurrence par les prix – concurrence par les quantités – entente.

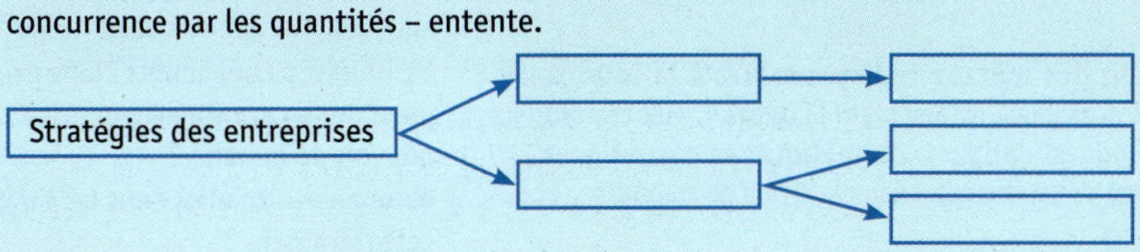

Faites la synthèse.

En reprenant les différentes solutions suggérées par le dilemme du prisonnier, montrez que les entreprises ont intérêt à s'entendre.

DOSSIER 3

Les entreprises veillent à dresser des barrières à l'entrée pour préserver leur marché

DOC 1 • La guerre des prix comme stratégie de dissuasion

POUR COMMENCER

Notions

Stratégie de prix prédateurs : stratégie consistant à pratiquer un prix en dessous du coût de production jusqu'à ce que le concurrent soit chassé.

Stratégie de capacité excédentaire : stratégie consistant à installer plus d'équipements que nécessaire pour imposer aux concurrents des coûts d'entrée importants et signaler sa détermination à entrer dans une compétition rude.

Barrières à l'entrée : obstacles que les entreprises mettent en place pour empêcher l'entrée sur le marché de concurrents potentiels. Par le biais de politiques tarifaires, de coûts irrécupérables pour les entrants potentiels, de détention de ressources rares, de restrictions réglementaires, ces barrières ont pour objectif de limiter la concurrence.

QUESTIONS

1. **Déduire.** De quelle façon une entreprise peut-elle fixer des prix plus bas que ceux de ses concurrents ?
2. **Argumenter.** Pensez-vous que cela puisse être une stratégie efficace ?
3. **Illustrer.** Donnez des exemples de chacun des trois « motifs d'inculpation ».

DOC 2 • Détenir exclusivement une ressource essentielle permet d'empêcher de nouvelles entrées

Si [les terres] rares sont présentes un peu partout sur Terre, la production en est extrêmement concentrée. La Chine est assise sur 36 % des réserves mondiales de métaux rares, suivie de l'ex-Union soviétique (22 %), des États-Unis (13 %) et de l'Australie (5 %). Mais la Chine assure à elle seule plus de 95 % de la production mondiale de terres rares, soit 120 000 tonnes par an.

C'est évidemment cette situation de quasi-monopole sur fond de flambée des cours qui inquiète les industriels. Les prix ont bondi de 69 % depuis mai 2010 et de plus de 300 % depuis leur plus bas de 2008. Or, la Chine a commencé à réduire de 5 % à 10 % ses exportations de terres rares depuis 2006 afin de garantir à ses industriels un approvisionnement régulier de ces métaux stratégiques. En septembre 2010, un incident diplomatique entre la Chine et le Japon portant sur l'arraisonnement d'un bateau de pêche chinois avait rapidement dérapé sur le sujet des terres rares, Tokyo accusant Pékin d'avoir décrété un embargo sur ses exportations de terres rares.

Xavier HAREL, Robert JULES, Aline ROBERT, « La Chine et les "terres rares" : bataille mondiale pour les métaux précieux », *La Tribune*, 10 novembre 2010.

Le saviez-vous ?

Les terres rares, très convoitées, sont des métaux indispensables à la fabrication de nombreux objets (téléphones portables, écrans plats LCD, etc.), aux technologies vertes, aux applications électroniques, optiques, magnétiques et catalytiques. Chaque moteur de Toyota Prius hybride contient par exemple 1 kg de néodyme, et chaque batterie 10 à 15 kg de lanthane.

QUESTIONS

1. **Lire.** Quelle est la part des réserves de terres rares détenue par la Chine et la part de son offre mondiale ?
2. **Justifier.** En quoi est-ce une ressource actuellement essentielle ?
3. **Illustrer.** Comment la Chine peut-elle jouer de son avantage pour accroître son pouvoir de marché ?
4. **Analyser.** Quelles sont les limites de cette stratégie ?

DOC 3 • Les barrières réglementaires sont plus formelles que réelles

Top 10 du palmarès de l'INPI des brevets[1] déposés en France en 2010

Rang 2010	Rang 2009	Nom du déposant	Nombre de brevets publiés en 2010	Nombre de brevets publiés en 2009
1	1	PSA Peugeot-Citroën	1 152	1 265
2	2	Renault	562	906
3	3	L'Oréal	496	467
4	5	CEA	495	416
5	4	Safran	426	452
6	7	EADS	405	429
7	9	CNRS	380	277
8	6	Valeo	363	389
9	8	Thales	352	286
10	10	IFP Énergies Nouvelles	176	173

D'après *Propriété industrielle : chiffres clés et palmarès des grands déposants 2010*, Institut national de la propriété industrielle (INPI), 22 mars 2011.

1. Le brevet, qui est un droit de propriété industrielle, permet de protéger une innovation technique (produit ou procédé) en accordant au détenteur du brevet un monopole d'exploitation de cette innovation pendant 20 ans.

Le saviez-vous ?

Le nombre de brevets déposés est un bon indicateur d'innovation, mais leur existence n'empêche pas toujours la concurrence. Les firmes trouvent souvent différentes astuces pour contourner le brevet. Il a suffi à Samsung, accusé de copier le brevet d'Apple, d'effectuer une mise à jour logicielle sur les terminaux concernés (Samsung Galaxy S, Samsung Galaxy S2 et Samsung Galaxy Ace) pour contourner le problème et l'interdiction de la commercialisation des terminaux Android de la gamme Samsung Galaxy.

QUESTIONS

1. Lire. Quel est le secteur qui est en tête de classement pour les brevets déposés ?

2. Argumenter. Est-ce que le nombre de brevets est un bon indicateur du pouvoir de marché de l'entreprise ?

3. Rechercher. Comment les concurrents peuvent-ils contourner les brevets ?

DOC 4 • Gagner des parts de marché par la différenciation des produits et l'innovation

La force d'Apple est de savoir combiner ces différents composants dans un objet dont l'ergonomie et le design le distinguent de ses concurrents. Et d'y adosser un écosystème de services – iTunes pour l'iPod, l'App Store pour l'iPhone et l'iPad – qui fonctionne à son seul profit. Ce qui lui vaut d'ailleurs actuellement des ennuis avec les autorités antitrust américaines. Bref, un savant cocktail de *hype*[1] et de simplicité d'utilisation qui a permis à l'iPod d'être le baladeur numérique le plus vendu au monde avec 249 millions d'exemplaires écoulés depuis 2001. Et de dominer encore aujourd'hui ce marché malgré une concurrence féroce. Puis à Apple de conquérir, en l'espace de quelques années seulement, une position de force sur le créneau pourtant déjà très encombré des téléphones portables. L'innovation apportée par ces bijoux technologiques ne réside en effet que rarement dans tel ou tel de leurs composants, comme on pourrait le croire. Et c'est le cas en particulier chez Apple : ses produits sont le plus souvent constitués de « briques technologiques » déjà éprouvées et accessibles également à ses concurrents.

Marc CHEVALLIER, « L'iPad, nouvelle vache à lait d'Apple ? », *Alternatives économiques*, n° 292, juin 2010.

1. Avant-gardiste.

Le saviez-vous ?

Joseph A. Schumpeter (1883-1950) place l'innovation au cœur du dynamisme des entreprises. La transformation qualitative du système de production est essentielle, davantage que l'augmentation quantitative des facteurs de production. En se diffusant, l'innovation est à l'origine du progrès technique. Celui-ci constitue un facteur majeur de la croissance car il améliore l'efficacité du travail et du capital disponible pour produire.

QUESTIONS

1. Justifier. Expliquez le titre de l'article.

2. Déduire. Quelle est la force d'innovation et de différenciation d'Apple ?

3. Analyser. S'agit-il d'une innovation majeure ou mineure ?

Faire le bilan

En vous appuyant sur les différents exemples, indiquez les avantages et les inconvénients de chacune de ces stratégies empêchant l'entrée des concurrents.

	Avantages	Inconvénients
Stratégie de prix prédateurs		
Contrôle des ressources		
Barrières réglementaires		
Différenciation et innovation		

Faites la synthèse.

Expliquez pourquoi les entreprises ne peuvent pas se contenter de mettre en œuvre une seule forme de stratégie.

DOSSIER 4

Les fusions-acquisitions permettent de constituer des situations de monopole

DOC 1 • Les fusions-acquisitions repartent à la hausse

POUR COMMENCER

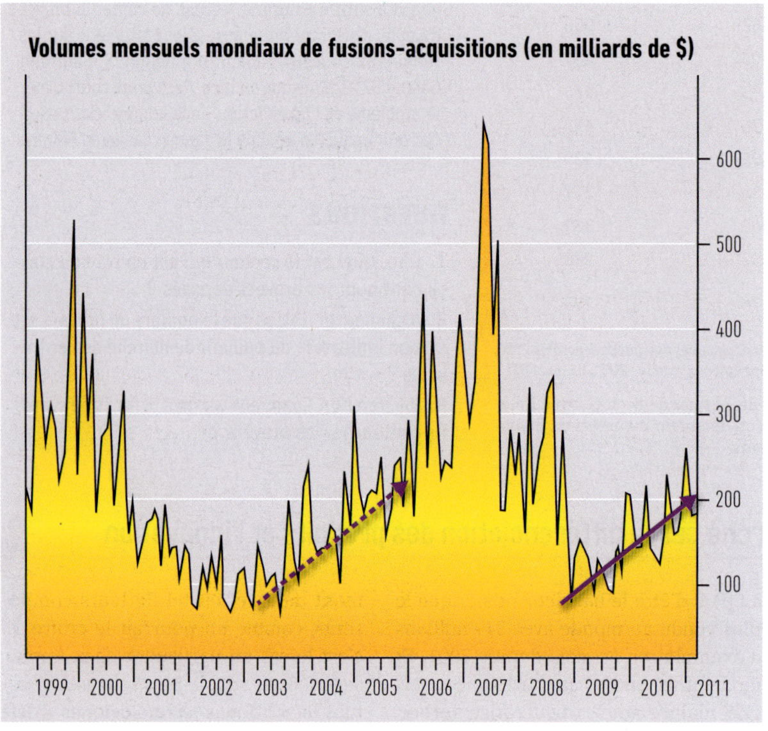

Notion

Fusion-acquisition : rachat d'une entreprise par une autre, que ces deux entreprises soient similaires, complémentaires ou distinctes. Il s'agit pour les entreprises d'accroître par ce biais leurs activités et leur profit.

QUESTIONS

1. Lire. Quelle est l'évolution des fusions-acquisitions sur les dix dernières années ?

2. Illustrer. Recherchez sur Internet les dernières grandes opérations de fusion-acquisition dans le monde.

3. Lire. Quels sont les secteurs qui concentrent les plus grosses opérations de fusion-acquisition ? Aidez-vous du document 3 du dossier 1.

4. Analyser. Vous semble-t-il surprenant que les fusions-acquisitions augmentent après la crise ? Argumentez.

DOC 2 • Les trois formes de fusions-acquisitions

Les fusions horizontales	Les fusions verticales	Les fusions conglomérales
– 23 mai 2000 : BNP Paribas, groupe bancaire français, naît de la fusion de la Banque nationale de Paris (BNP) et de Paribas. – 1999 : Renault prend le contrôle de Nissan.	– Mai 2006 : fusion Arcelor-Mittal. – Depuis 2005 : le groupe Hachette est à la fois éditeur, distributeur et diffuseur.	Bouygues regroupe de grandes entreprises du secteur de la communication, du bâtiment, travaux publics (BTP) et de la construction : Bouygues, Colas, TF1, Bouygues Telecom, etc.
L'entreprise s'agrandit en prenant le contrôle des activités du même secteur, avec des métiers parfois différents ou sur des marchés un peu éloignés.	L'entreprise s'agrandit en prenant le contrôle des activités complémentaires de la filière de production en amont (début de filière) ou en aval (fin de filière).	L'entreprise s'agrandit en diversifiant son champ d'activités.
Il s'agit de gagner en taille et de faire jouer les complémentarités en veillant à éviter les doubles emplois. Enfin, il faut pouvoir faire travailler les équipes, au préalable rivales, ensemble.	L'objectif de l'entreprise est d'être moins dépendante et de limiter ses achats de biens intermédiaires. Il n'est pas aisé toutefois de gérer des métiers différents et les échecs ne sont pas rares. En 2009, Time Warner se sépare de sa filiale AOL, ne parvenant pas à jouer les complémentarités.	Il s'agit de continuer à se développer malgré la taille limitée du marché.

QUESTIONS

1. Lire. Rappelez les conditions nécessaires à la mise en œuvre d'opérations de fusion-acquisition.

2. Analyser. Quelles sont, selon vous, les stratégies les plus fréquentes ? Justifiez votre réponse.

3. Argumenter. Les fusions-acquisitions sont-elles un gage de réussite ?

DOC 3 • Les économies d'échelle créées forment des monopoles naturels

Un monopole naturel apparaît dès que les coûts moyens de production par une entreprise unique de la quantité demandée par le marché baissent de façon continue (certes, les coûts moyens peuvent toujours potentiellement remonter au-delà d'un certain seuil, mais celui-ci correspond à un niveau de production très élevé situé bien au-delà du maximum de ce que le marché est susceptible de demander). Lorsque les coûts moyens de production baissent avec l'augmentation de l'échelle de production, on parle d'économie d'échelle. [...] Un monopoleur naturel se sent protégé car il sait que si ses concurrents potentiels entrent sur le marché il peut vendre moins cher qu'eux. Puisque les entrants sont habituellement de plus petite taille et que les coûts moyens baissent avec la taille, leurs coûts moyens sont plus élevés. Par conséquent, le monopoleur se sent relativement à l'abri de toute menace d'entrée. Tant qu'il n'a pas à s'inquiéter de l'entrée d'un concurrent, il se comporte comme n'importe quel autre monopoleur, égalisant sa recette marginale et son coût marginal.

Joseph E. STIGLITZ, Carl E. WALSH, J. D. LAFAY, *Principes d'économie moderne*, De Boeck Université, coll. Ouvertures économiques, 2007.

QUESTIONS

1. **Déduire.** Comment les fusions-acquisitions contribuent-elles à former des économies d'échelle ?
2. **Expliquer.** Quel sont les mécanismes de formation de monopoles naturels ?
3. **Justifier.** À quoi correspond l'égalisation de la recette marginale au coût marginal ?

DOC 4 • L'intérêt final est bien d'acquérir la rente de monopole

Figure 1

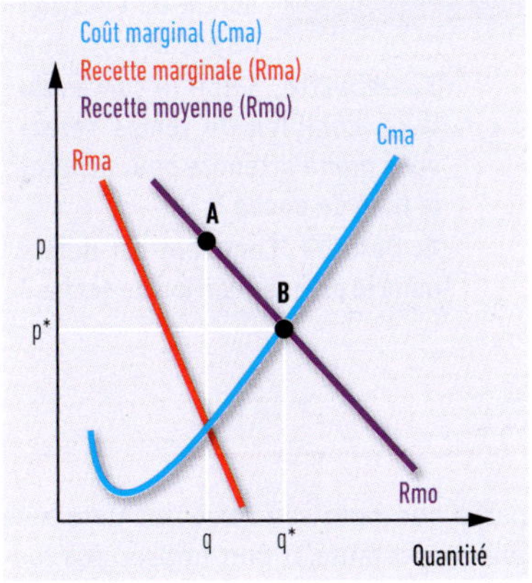

Figure 2

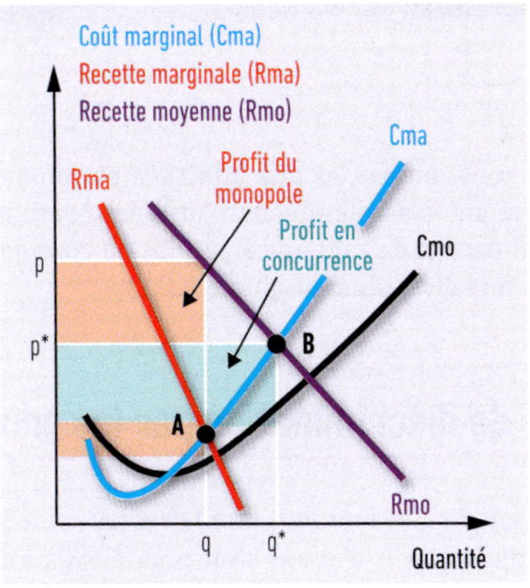

– Figure 1 : courbe décroissante de recette marginale à laquelle est confronté un monopoleur. Un monopoleur choisit également la quantité pour laquelle le coût marginal est égal à la recette marginale. En cas de monopole, la recette marginale est toutefois inférieure au prix.

– Figure 2 : en situation de monopole naturel, les courbes de coûts moyens sont décroissantes pour le domaine des productions possibles. Une entreprise peut faire payer le prix de monopole p. Si le marché est contestable[1], la concurrence potentielle empêche l'entreprise de fixer un prix supérieur au coût moyen. Le prix d'équilibre est p*. Dans tous les cas, un prix supérieur au coût moyen implique un profit supérieur.

Bordas, 2012.

1. Si un concurrent peut venir s'installer à tout moment.

QUESTIONS

1. **Expliquer.** Comment se constitue le prix du monopole ?
2. **Analyser.** Expliquez et comparez le profit en concurrence et le profit de monopole.
3. **Définir.** Qu'est-ce que la rente de monopole ?
4. **Justifier.** En quoi est-elle enviable ?

Faire le bilan

Les affirmations suivantes sont-elles vraies ou fausses ?

	Vrai	Faux
Les fusions-acquisitions sont des opérations risquées		
Les entreprises bien implantées n'ont pas intérêt à se lancer dans des opérations de fusion-acquisition		
Il est toujours plus simple de contrôler l'amont et l'aval d'un processus de production		
Quand les fusions augmentent, tous les secteurs sont concernés		
Le monopole naturel ne peut pas être concurrencé		
Le prix de la concurrence pure et parfaite est le prix du monopoleur		

Faites la synthèse.

Quels sont les avantages des opérations de fusion-acquisition ?

DOSSIER 5

Les stratégies de prix du monopole discriminant, une solution optimale ?

DOC 1 • L'édition de poche permet de faire de la discrimination par les prix

POUR COMMENCER

QUESTIONS

1. Expliquer. Pourquoi le prix des livres de poche est-il inférieur au prix de l'édition initiale ?

2. Rechercher. Quel est, selon vous, le délai entre la première parution et la sortie de l'édition de poche ?

3. Débattre. Selon le succès du livre, combien de temps serez-vous prêt à attendre pour acheter le livre de poche ?

4. Déduire. Comment est déterminé le prix de l'édition de poche ?

Notion

Monopole discriminant : pratique de discrimination par les prix effectuée par un monopole qui ajuste les prix en fonction des différentes sensibilités aux prix des consommateurs. Cette pratique différenciée des prix lui permet de capter le « surplus du consommateur », c'est-à-dire sa disposition à payer et à réaliser ainsi un profit maximal.

DOC 2 • Deux exemples courants de discrimination par les prix

Si vous prenez le TGV-Est de la gare de Paris pour vous rendre à Strasbourg, par exemple, il est probable que vous ne payiez pas le même tarif que votre voisin sur le siège d'à côté. À la question « quel est le prix du billet ? », vous pouvez en effet recevoir la réponse suivante :

– « première ou seconde classe ? »
– « un aller simple ou un aller-retour ? »
– « quel âge avez-vous ? »
– « avez-vous un abonnement ? »
– « à quelle heure désirez-vous partir ? »

Ces différents tarifs font partie d'une stratégie de discrimination par les prix qui vise à extraire au maximum le surplus de chaque consommateur.

Une [autre] forme classique de discrimination par les prix est la tarification aux heures de pointe, lorsque les prix proposés sont plus élevés que durant les heures creuses. C'est le cas pour de nombreux produits. Par exemple, si vous regardez les brochures des agences de voyage, vous constatez que le prix est différent si vous partez en pleine saison ou hors saison. De manière similaire, les billets de train ou d'avion sont plus élevés en période de pointe. Le prix de l'électricité ou du téléphone dépend également souvent de l'heure de consommation. Cette différence de tarification peut en partie être expliquée par l'élasticité de la demande, naturellement moins élevée lors des heures de pointe. Mais souvent la différence provient également du coût marginal plus élevé que l'entreprise supporte durant les heures de pointe et donc n'est pas attribuable uniquement à la discrimination par les prix. Lorsque certains facteurs sont fixes, le coût marginal peut en effet augmenter avec les quantités produites (du fait des rendements décroissants des facteurs variables ou parce que, pour satisfaire une demande plus importante, il faut utiliser des facteurs de production supplémentaires qui ont un coût plus élevé).

John SLOMAN, Alison WRIDE, Jérôme GALLO, Julien PÉNIN, Thierry BURGER-HELMCHEN, *Principes d'économie*, Pearson Éducation, 7e édition, 2011.

QUESTIONS

1. Justifier. Pourquoi le consommateur accepte-t-il des tarifs différents ?

2. Analyser. En quoi cela constitue-t-il des moyens de capter le surplus du consommateur ?

3. Argumenter. La différenciation des tarifs est-elle due uniquement à la discrimination ?

Notions

Prix de réservation : prix maximal que le consommateur est prêt à payer.

Surplus du consommateur : écart entre la dépense effective supportée par le consommateur pour l'achat d'un bien et celle qu'il est prêt à supporter. Cette dépense « potentielle » est la « disposition à payer ».

DOC 3 • L'échelle de la discrimination par les prix

On distingue trois degrés de discrimination :
1. La discrimination parfaite suppose que le vendeur ait une parfaite connaissance des attentes des consommateurs (de la fonction individuelle). Chaque unité est vendue au maximum du prix que le consommateur est prêt à payer. Le surplus des consommateurs est alors nul.
2. La discrimination du deuxième degré est moins précise, il s'agit plus d'une approximation qui conduit les entreprises à proposer plusieurs niveaux de prix. Les consommateurs dégageront un surplus non nul, mais faible.
3. La discrimination du troisième degré est dite imparfaite car seules les demandes globales et non individuelles sont connues. Elle consiste à segmenter le marché en types de consommateurs. Les prix sont les mêmes dans chaque segment du marché. Il s'agit par exemple des marchés géographiquement séparés, comme le marché indien et le marché français, ou de marchés séparés dans le temps (ventes normales et ventes de la période de soldes). Tout le surplus n'est pas capté ici.

Bordas, 2012.

Le saviez-vous ?

Arthur C. Pigou (*The Economics of Welfare*, 1920) a été le premier à proposer une classification des différentes formes de discrimination par le prix. La discrimination par le prix consiste, pour une entreprise, à ne pas faire payer le même prix par unité à tous les clients. On lui doit la classification de la discrimination par le prix en trois degrés.

Notion

Une situation est dite optimale au sens de Pareto si elle ne peut améliorer la satisfaction d'un individu sans détériorer celle d'au moins un autre.

QUESTIONS

1. **Illustrer.** Donnez des exemples de chacune des formes de discrimination par les prix.
2. **Analyser.** Quelle est la plus avantageuse pour l'entreprise ?
3. **Justifier.** La solution est-elle un optimum de Pareto ?

DOC 4 • Le monopole récupère le surplus des consommateurs

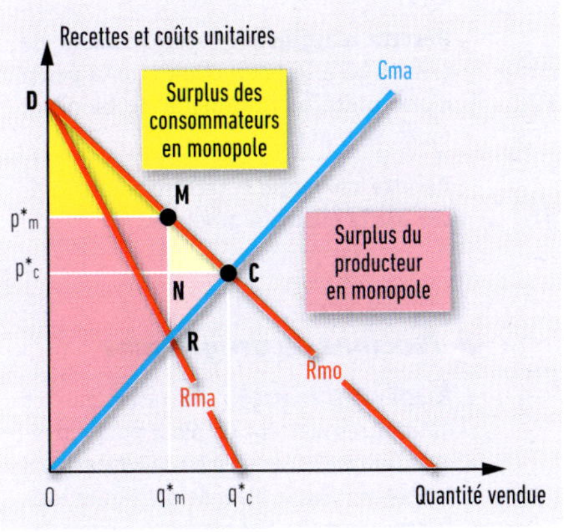

En situation de monopole, le prix peut être plus élevé (p*m) qu'en situation de concurrence (p*c) et la quantité plus faible (q*m) est plus faible qu'en concurrence (q*c).
Ce sont les surplus qui sont modifiés :
– positivement pour le monopole : le surplus passe du triangle Ocp*c à une superficie plus importante Op*m MR. Le gain de surplus est représenté par la surface p*c p*m MN.
– négativement pour le consommateur : le surplus passe de DCp*c à DM p*m.
Le triangle MRC représente la perte de bien-être (surplus) en situation de monopole par rapport à la situation de concurrence.

Bordas, 2012.

QUESTIONS

1. **Déduire.** À quoi correspond le surplus du consommateur quand le Cm = Rm ?
2. **Expliquer.** Comment le prix moyen change-t-il avec la discrimination par les prix ?
3. **Analyser.** Comment se modifie le surplus du consommateur ?
4. **Justifier.** Est-ce que cette pratique peut être réalisée dans tous les secteurs ?

Faire le bilan

Recopiez et complétez le texte avec les mots et expressions suivants :
surplus du consommateur – monopole discriminant – entreprise.

Si les monopoles augmentaient leur prix, ils perdraient des consommateurs. En augmentant les prix pour ceux qui sont disposés à payer plus cher, l'...... peut récupérer tout ou partie du .... Le monopole vend ainsi certaines unités de produit à des prix différents. On parle de ....

Faites la synthèse.
À quelles conditions la discrimination par les prix est-elle possible ?

L'ESSENTIEL

Dans quelles circonstances les entreprises peuvent-elles exercer un pouvoir de marché ?

DOSSIER 1 Les entreprises s'appuient sur la diversité des structures de marché pour grandir

● La diversité des structures de marché nous renseigne sur la manière dont les marchés évoluent au cours du temps et sur la manière dont ces structures s'affranchissent autant que possible de la concurrence. En effet, si la concurrence demeure la référence des modèles théoriques, force est de constater que les situations les plus courantes sont celles d'**oligopoles**, voire de **monopoles**.

● Les conditions notamment d'atomicité (hypothèse selon laquelle le grand nombre d'offreurs et de demandeurs ne permet pas d'influencer la formation des prix) mais également d'homogénéité des produits (hypothèse selon laquelle les biens sont de même qualité, sans distinction d'image ou de réputation) sont les éléments les plus contestés. Et quand les autorités, comme la Commission européenne, s'efforcent d'imposer les règles de la concurrence, les tentatives des entreprises de s'en écarter ne font que se renforcer. De fait, les entreprises sont rarement **preneurs de prix**, elles sont de véritables acteurs des prix, des « **faiseurs de prix** ».

DOSSIER 2 Les entreprises recourent à des stratégies différentes pour gagner des parts de marché

● Les stratégies des entreprises sont complexes. Quand la coopération est possible, les entreprises ont intérêt à s'entendre. Les bénéfices gagnés par cette entente (équilibre coopératif) sont bien supérieurs à ce qu'ils seraient en simple situation de concurrence, comme le suggère la théorie des jeux. D'autant que lorsque la coopération n'est pas possible, les entreprises doivent tenir compte du comportement des concurrents (équilibre non coopératif).

● La concurrence se fait par les prix ; la baisse des prix d'une entreprise peut venir contester la position du concurrent sur le marché. La guerre se fait également par les quantités. En inondant le marché de ses produits, l'entreprise vise à assécher les offres potentielles. Que la variable stratégique soit les prix (dans l'analyse du duopole de Bertrand) ou les quantités (dans l'analyse du duopole de Cournot), la **fonction de réaction** est construite en tenant compte de l'offre du concurrent.

DOSSIER 3 Les entreprises veillent à dresser des barrières à l'entrée pour préserver leur marché

● Les entreprises sont très attentives à empêcher l'entrée d'un concurrent sur le marché. Elles disposent pour cela d'importantes **barrières à l'entrée** pas toujours suffisantes. En effet, elles peuvent jouer sur les prix, et notamment baisser leur prix en dessous du coût de production – **stratégie de prix prédateurs** – et renoncer temporairement à une partie des recettes, ou encore jouer sur les capacités de production – **stratégie de capacité excédentaire** – en les gonflant de manière démesurée pour signifier aux concurrents potentiels un coût d'entrée trop lourd.

● Il arrive également qu'elles se dotent exclusivement d'une ou de plusieurs ressources rares leur donnant une avance inégalable. Les brevets et les droits de monopole constituent, pour leur part, des remparts légaux dont l'efficacité reste à

Acquis de Première

Coût marginal : coût de production d'une unité supplémentaire d'un bien par période, c'est-à-dire accroissement du coût total consécutif à la production d'une unité supplémentaire de bien par période.

Coût moyen : coût total de l'entreprise divisé par son niveau de production.

Monopole : situation de marché où un unique offreur est confronté à une demande abondante. Le vendeur unique ne subit pas la concurrence d'autres producteurs, il est libre de fixer ses prix.

Oligopole : situation de marché comportant un petit nombre de firmes d'importance comparable. Chacune dispose d'un pouvoir sur le marché mais sait que ses concurrentes en disposent aussi. La firme peut donc influencer ses concurrents ou subir leur influence.

Pouvoir de marché : capacité d'une entreprise à imposer un prix de vente élevé en raison de son poids sur le marché.

Preneur de prix : situation d'une entreprise en concurrence qui ne peut pas influencer le prix selon la quantité qu'elle produit.

Recette marginale : accroissement de recette lié à la production et à la vente d'une unité additionnelle de bien par unité de temps.

Recette moyenne : recette totale divisée par la quantité produite.

Notions du programme

Barrières à l'entrée : obstacles que les entreprises mettent en place pour empêcher l'entrée sur le marché de concurrents potentiels. Par le biais de politiques tarifaires, de coûts irrécupérables pour les entrants potentiels, de détention de ressources rares, de restrictions réglementaires, ces barrières ont pour objectif de limiter la concurrence.

Faiseur de prix : une entreprise est « faiseur de prix » (*price maker*) quand elle a la possibilité d'influencer à elle seule le prix du marché.

mesurer. De manière générale, les entreprises doivent s'inscrire en permanence dans des dynamiques d'innovation et de différenciation pour ne pas perdre des parts de marché.

DOSSIER 4 Les fusions-acquisitions permettent de constituer des situations de monopole

- La meilleure façon d'étendre son pouvoir de marché demeure encore les opérations de **fusion-acquisition**. La crise qui a débuté en 2008 a relancé la vague des offres publiques d'achat (OPA). La fragilisation, voire la disparition, de certains a fait le bonheur des plus avides : les regroupements offrent de nouvelles opportunités.
- En pénétrant de nouveaux marchés ou en augmentant les parts de marché existantes, les groupes conquièrent des positions dominantes, limitent la concurrence, contrôlent l'amont et l'aval, diversifient les risques en diversifiant les activités. Les économies d'échelle permises par la taille des **monopoles naturels** laissent présager ainsi des rentes de situation exceptionnelles.

DOSSIER 5 Les stratégies de prix du monopole discriminant, une solution optimale ?

- Le monopole ne se contente pas de sa rente. Il est fréquent qu'il vise à s'approprier le maximum du surplus du consommateur. Tant que le consommateur exprime des demandes différenciées, le monopole s'autorise à pratiquer des prix variables capables de drainer des profits nets bien plus élevés.
- Une très bonne connaissance de la fonction de demande individuelle lui donne une grande latitude dans la fixation de ses prix. Le **prix de réservation** assure la captation de l'ensemble du surplus : il s'agit de la discrimination parfaite ou de premier degré. Selon la typologie de Pigou, l'augmentation de l'incertitude des fonctions de demande diminue la précision des formes de discrimination. Du premier degré au troisième degré de discrimination par les prix qui est dite imparfaite, ces pratiques du **monopole discriminant** modifient efficacement la répartition du surplus.

Monopole discriminant : pratique de discrimination par les prix effectuée par un monopole qui ajuste les prix en fonction des différentes sensibilités aux prix des consommateurs. Cette pratique différenciée des prix lui permet de capter le « surplus du consommateur », c'est-à-dire sa disposition à payer et à réaliser ainsi un profit maximal.

Notions complémentaires

Fonction de réaction : donne la production optimale au regard de ce qu'elle pense que l'autre entreprise va produire.

Fusion-acquisition : rachat d'une entreprise par une autre que ces deux entreprises soient similaires, complémentaires ou distinctes.

Monopole naturel : découle de l'existence d'économies d'échelle telles que seule une entreprise unique peut fournir tout le marché tout en étant plus compétitive que si elle avait des concurrents.

Prix de réservation : prix maximal que le consommateur est prêt à payer.

Stratégie de prix prédateurs : consiste à pratiquer un prix en dessous du coût de production pour éliminer le concurrent.

Stratégie de capacité excédentaire : consiste à installer plus d'équipements que nécessaire pour indiquer aux concurrents des coûts d'entrée importants et signaler sa détermination à entrer dans une compétition rude.

SCHÉMA BILAN

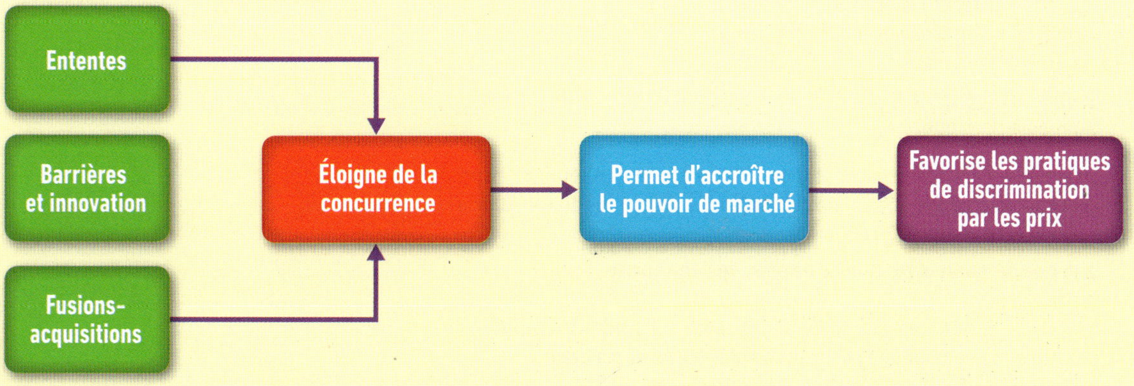

Exercices pour réviser

EXERCICE 1

Les affirmations suivantes sont-elles vraies ou fausses ?

1. Les entreprises s'efforcent de se rapprocher coûte que coûte de la situation de concurrence pure et parfaite.
2. Un monopole n'a aucun intérêt à mettre en œuvre des politiques de tarification.
3. La recherche de l'intérêt individuel de chaque entreprise permet toujours d'atteindre l'optimum collectif.
4. Les brevets sont essentiels mais ne permettent pas de limiter efficacement la concurrence.
5. L'entreprise s'agrandit toujours en prenant le contrôle des activités du même secteur.
6. La situation de coopération entre les entreprises n'est pas aussi rentable qu'une concurrence ouverte.

EXERCICE 2

Complétez le texte avec les mots et expressions suivants (une proposition peut être utilisée plusieurs fois) :
non coopératif – imperfections de l'information – concurrence parfaite – la théorie des jeux – inefficace.

Longtemps enfermé dans le modèle de ...., la théorie microéconomique s'est réellement affinée dans les années 1970 en prenant en compte les .... des agents économiques lors de leur prise de décision. .... notamment intègre dans le raisonnement microéconomique des interactions stratégiques des comportements individuels. Le dilemme du prisonnier montre que l'équilibre .... aboutit généralement à une situation .... qui pourrait être améliorée grâce à la .... Mais la coopération est difficile à mettre en œuvre et s'avère risquée : certains respectent leurs engagements, d'autres pas toujours. Dans tous les cas, la .... ouvre un univers totalement différent de celui que sous-tend l'abstraction de la ....

EXERCICE 3

Représentez et calculez l'équilibre d'un monopole discriminant.

Une entreprise doit décider de la tarification de ses services. Pour cela, elle vous demande de représenter graphiquement dans un repère normé allant jusqu'à 15 (les quantités en abscisse ; les prix en ordonnée) :
- sa fonction de recette marginale $Rm = 15 - 2Q$;
- sa fonction de recette moyenne[1] $RM = 15 - Q$;
- sa courbe de coût marginal $Cm = 5 + 0,5\,Q$.

1. Donnez graphiquement le prix P* et la quantité Q* se comportant en monopole classique.

L'entreprise voudrait faire payer plus que P* aux clients qui seraient disposés à l'accepter pour capter une partie ou l'ensemble du surplus du consommateur. Elle vous demande alors :

2. la marge de manœuvre, gamme de prix, de l'entreprise ;
3. le prix maximal ;
4. et, dans ce dernier cas, elle souhaiterait savoir si l'entreprise capte la totalité ou seulement une partie du surplus du consommateur.

1. Qui n'est rien d'autre que la fonction de demande inverse p(Q).

VERS LE BAC

Sujet 1 pour s'entraîner

SUJET **Dans le contexte d'une économie globalisée où les exigences d'innovation sont de plus en plus importantes, vous vous interrogerez sur la pertinence de l'augmentation des fusions-acquisitions.**

DOCUMENT 1

Répartition des fusions-acquisitions par secteur en % au premier trimestre 2011

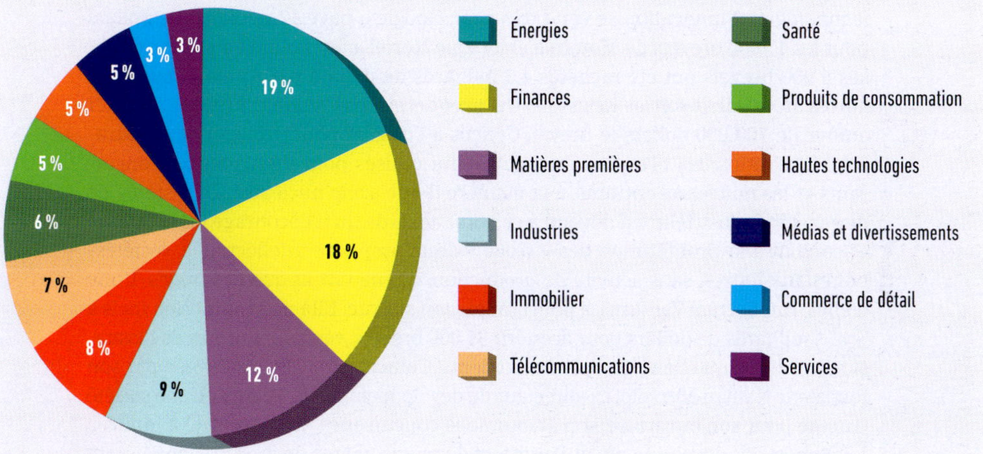

D'après Thomson Reuters.

DOCUMENT 2

Après un ralentissement dû à la crise, les opérations de fusions-acquisitions repartent à la hausse (+ 20 % en 2010). [...] Dernière annonce en date en France, Schneider Electric vient d'opérer une acquisition aux États-Unis (Lee Technologies) pour 140 millions d'euros. Cependant, malgré cette popularité retrouvée, les acquisitions demeurent des opérations risquées.

Si l'on considère les 731 acquisitions menées par des entreprises françaises aux États-Unis entre janvier 1986 et décembre 2006, pas moins de 190 opérations se sont aujourd'hui soldées par un divorce. [...] Tout partenariat exige un engagement psychologique et financier : le mécanisme de lune de miel vient justifier cet engagement et protéger le partenariat d'une fin prématurée, même en cas de contre-performance évidente. Cet effet est d'autant plus intense et prolongé que les ressources engagées sont importantes : certains chercheurs estiment que, selon les circonstances, cette lune de miel peut durer jusqu'à dix ans. [...] Ces résultats attestent de la difficulté à mener une opération de *due diligence*[1] efficace, donc à bien connaître un partenaire et à évaluer les synergies comme les difficultés qui émergeront en cas d'acquisition. Sachant que Schneider Electric a annoncé en 2007 la formation d'une alliance, *via* sa filiale APC-MGE, avec... Lee Technologies.

Emmanuel MÉTAIS, Pierre-Xavier MESCHI, Katsuhiko SHIMIZU, « Fusions-acquisitions : les dangers d'une lune de miel avant le mariage », lemonde.fr, 18 avril 2011.

1. Bon père de famille.

Point méthode

- Interrogez-vous sur les avantages des fusions-acquisitions dans le contexte d'une économie globalisée.
- Recensez également les risques des opérations de fusion-acquisition.
- Veillez à mener une argumentation nuancée.
- Illustrez votre argumentation avec des exemples concrets.

Sujet 2 pour s'entraîner

SUJET Quels sont les enjeux des brevets industriels ?

DOCUMENT

L'impact d'Internet sur l'innovation est majeur. [...] Dans le secteur des nouvelles technologies, l'innovation se vend très cher. Google a payé 12 milliards de dollars pour les 17 000 brevets de Motorola et lorsque Nortel a fait faillite en juillet dernier ses 6 000 brevets ont été rachetés 4,5 milliards de dollars par Apple et quelques autres, dont Microsoft et Ericsson. Un prix de marché semble presque se fixer autour de 700 000 dollars le brevet. Conçus à l'origine pour protéger et encourager l'innovation, les brevets sont aujourd'hui utilisés pour dissuader les concurrents et les nouveaux entrants, à la manière d'une arme nucléaire. Ce système de dissuasion industrielle est devenu à ce point absurde qu'il décourage les créateurs et conduit à la prolifération des « trolls » de la propriété intellectuelle, sociétés-boîtes aux lettres, sans activité de production, qui ne vivent que des litiges. L'une d'elles, Intellectual Ventures, a pourtant pignon sur rue. Elle ne produit rien mais a levé 5 milliards de dollars pour acquérir 35 000 brevets, véritables armes de dissuasion juridique qu'elle vend cher à ses clients. Coïncidence, elle est dirigée par son fondateur Nathan Myrvold, ex-directeur du développement de Microsoft, une société connue pour son ouverture, son amour de la concurrence et sa capacité à innover. La plupart des développeurs qui profitent de reversements de droits reconnaissent eux-mêmes que leurs logiciels ne peuvent être réellement considérés comme des inventions. Ils savent trop les vertus de l'intelligence collective dans un milieu où tout se périme vite. Conçus pour protéger l'innovation, les brevets sont peu à peu devenus une nuisance pour l'industrie de l'information et sont brocardés par les prêcheurs de la société « libre et ouverte » [...] ; une nuisance également pour l'économie – selon une étude parue en 1999 sur les sociétés cotées américaines, elles enregistraient 4 milliards de revenus issus des brevets contre déjà 14 dépensés en procès ; enfin, [...] une nuisance pour la société. Il suffit pour s'en convaincre de rappeler qu'elle bride la fabrication à bas prix de médicaments vitaux pour des pays en développement. [...] La solution pourrait être que les gouvernements achètent les droits sur les brevets pour les placer dans le domaine public. Une telle solution ne peut convenir aux inventeurs et entrepreneurs de la génération Internet, libertaires méfiants. Pour mettre fin à cette guerre des brevets, qui ne profite qu'aux géants, il faudra sans doute être plus inventif.

Jacques ROSSELIN, « Dissuasion industrielle », *La Tribune*, 14 octobre 2011.

Point méthode

- Le sujet vous suggère de réfléchir sur l'évolution des brevets et ses incidences en matière d'innovation.
- Précisez l'ambivalence du rôle d'Internet et des brevets sur la stratégie des entreprises.
- Montrez votre capacité à ouvrir une discussion sur ce sujet.

Chapitre 4

Quel est le rôle de la politique de la concurrence ?

DOSSIERS

1. Les justifications d'une politique de la concurrence
2. Les formes d'action de la politique de la concurrence en Europe
3. Les limites des politiques de la concurrence en Europe
4. Le débat sur la nécessité de mettre en place une politique de la concurrence
5. Une politique de la concurrence au service de l'intérêt national et du bien-être

Notions du programme

- Abus de position dominante
- Cartel de producteurs
- Marché pertinent
- Politique de la concurrence

Pour l'Autorité de la concurrence, le marché du parfum n'est pas parfait

DOSSIER 1

Les justifications d'une politique de la concurrence

DOC 1 • Concentration des marchés : gaspillage de ressources et perte du bien-être social

POUR COMMENCER

Par rapport à la structure de marché idéale de concurrence pure et parfaite (maximisant le bien-être), les situations de concentration sont considérées comme des sources de gaspillage de ressources, de rentes non justifiées et de pertes de bien-être social. La concentration des marchés favorise la hausse des prix et une détérioration de la situation du surplus des consommateurs. Les entreprises peuvent aussi s'entendre et dresser des barrières à l'entrée de nouveaux concurrents.

Ne pas confondre

Un **trust** consiste à déléguer l'ensemble des pouvoirs des firmes à un comité central qui a tous les pouvoirs alors qu'un **cartel** permet le partage des marchés.

QUESTIONS

1. Analyser. De quelle manière la concentration peut-elle porter préjudice aux consommateurs et au bien-être collectif ?

2. Déduire. La discrimination par les prix fait-elle partie de ces pratiques préjudiciables ?

3. Analyser. Ces inquiétudes sont-elles valables également pour les services publics ?

DOC 2 • Les ententes sont préjudiciables au consommateur

Le cartel de la lysine[1] a multiplié par deux le prix de ce produit pendant trois ans, durant lesquels les membres de l'entente ont bafoué le processus normal de la concurrence. Dans un marché concurrentiel, les firmes rivalisent pour trouver le moyen le plus efficient et le moins coûteux de satisfaire les désirs de leurs clients. Le caractère pernicieux des ententes injustifiables est illustré par la déclaration suivante, émanant d'un membre du cartel : « *Nos concurrents sont nos amis. Nos clients sont l'ennemi.* » Ce n'était pas là pure rhétorique. En effet, le cartel de la lysine a manifestement bénéficié à ses cinq membres et lésé à la fois leurs clients directs et des millions de consommateurs dans le monde entier. L'entente regroupait les cinq principaux producteurs mondiaux de lysine, installés dans les pays suivants : Corée, États-Unis, France, Hongrie, Indonésie, Italie, Japon, Mexique et Thaïlande. Elle a réussi à fixer des prix (0,01 $EU par livre) et des quotas de vente très précis dans le monde entier, et ce bien que des tarifs et quotas différents aient dû être déterminés selon les pays. Pendant la durée de l'entente, elle a gonflé les prix des ventes mondiales d'un montant supérieur à 1,8 milliard de $EU, ce qui implique des majorations proches de 140 millions de $EU.

1. Acide aminé synthétique utilisé dans l'alimentation animale, comme dans la farine, à des fins de croissance.

Ententes injustifiables, rapport de l'OCDE, 2000.

Le saviez-vous ?

Tous les accords qui restreignent la concurrence ne sont pas nécessairement illégaux. Les accords ayant des effets plutôt positifs sont autorisés, ce qui est le cas quand ils ne sont pas conclus entre entreprises concurrentes ou lorsque les parties ne contrôlent qu'une petite part du marché.

Notion

Cartel de producteurs : situation de marché où les entreprises sont en collusion, en fixant notamment leurs prix et leurs quantités de manière coordonnée pour maximiser leurs profits communs.

QUESTIONS

1. Lire. Qu'est-ce qu'un cartel ? Illustrez par des exemples.

2. Déduire. Quelle est la stratégie d'un cartel de producteurs en matière de prix et de quantité ? Est-ce légal ?

3. Analyser. Pourquoi l'affirmation *« Nos concurrents sont nos amis. Nos clients sont l'ennemi »* constitue-t-elle une violation grave des principes de la concurrence et du sens du service ?

4. Lire. Quelles sont les conséquences de l'augmentation des prix sur le surplus collectif ?

DOC 3 • La concurrence améliore la situation du consommateur

Deux jours. C'est le temps qu'il aura fallu à France Télécom et SFR pour dégainer leurs ripostes aux offres agressives de téléphonie mobile lancées par Free mardi. Ce jeudi matin, l'opérateur historique a en effet abaissé ses prix sur les principales offres de sa marque Sosh. Disponible depuis le 6 octobre dernier, la marque low-cost d'Orange accessible uniquement sur Internet, qui cible les 18-35 ans « ultra-connectés », se voulait à l'époque une réponse préalable à l'arrivée imminente d'un quatrième opérateur de téléphonie mobile. Mais le forfait similaire à celui de 19,90 euros proposé par Free Mobile restait encore 2,5 fois plus cher. Même constatation chez SFR où l'offre mobile Red lancée le 11 octobre restait plus de quatre fois plus chère que celle de Free Mobile. D'où la nécessité de renforcer le bouclier opposé au groupe de Xavier Niel.

Olivia DERREUMAUX, « Orange et SFR répondent à Free du tac au tac », *Le Figaro*, 12 janvier 2012.

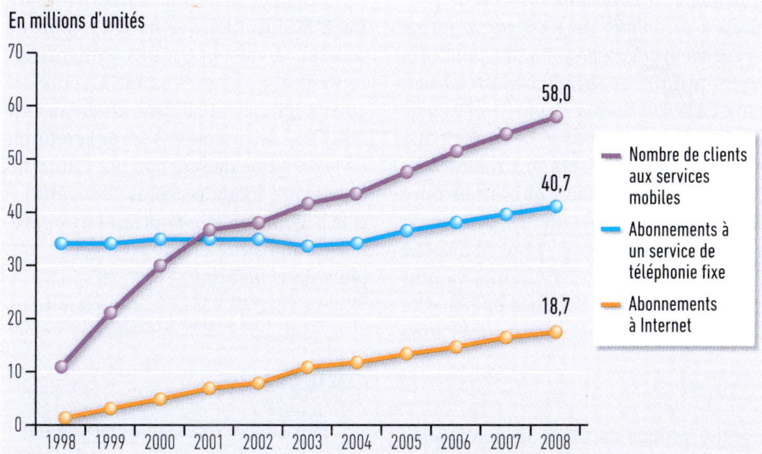

D'après l'Arcep, 2008.

QUESTIONS

1. Lire. De quelle manière ont évolué les abonnements à la téléphonie et à Internet ces quinze dernières années ?

2. Expliquer. Quel est l'impact du nombre d'entreprises sur les prix et sur les quantités ?

3. Analyser. La diversification des offres crée-t-elle des besoins nouveaux, des choix plus larges ?

DOC 4 • Des visions nuancées de la politique de la concurrence

	Vision structuraliste	Vision dynamique
École	L'École de Harvard privilégie la nécessaire dilution du pouvoir économique (pouvoir partagé par un grand nombre d'offreurs).	L'École de Chicago privilégie l'efficacité économique.
Objectif	Interdire la concentration et le pouvoir de marché car la structure des marchés (nombre de vendeurs) détermine les choix stratégiques des entreprises et, au final, leurs performances.	Favoriser la croissance économique.
Structure de marché	Tant que les conditions de la concurrence pure et parfaite ne sont pas réunies, de manière préventive ou punitive, la politique de la concurrence a un rôle central (démantèlement des cartels, prohibition des ententes restrictives) et doit rétablir les règles de la concurrence.	Les rentes de monopoles ne doivent pas être toujours condamnées : elles sont la preuve de la performance et de l'innovation des entreprises. Tant que les gains d'efficacité profitent à l'ensemble de la société, la politique de la concurrence ne doit pas être punitive.
Conséquences	L'entrée d'un nouveau concurrent dans la téléphonie est bien accueillie car elle relance les conditions de la concurrence.	L'entrée d'un nouveau concurrent crée des redondances dans les investissements, ralentit les innovations du secteur.

QUESTIONS

1. Lire. Qu'est-ce qui distingue les deux versions de la politique de la concurrence ?

2. Illustrer. Comment la décision d'ouverture à la concurrence d'EDF peut-elle être accueillie par chacune des écoles ?

3. Expliquer. Quelle version vous semble la plus pragmatique ?

4. Analyser. Quels sont les effets attendus de chaque politique de la concurrence ?

Faire le bilan

Les expressions suivantes sont-elles vraies ou fausses ?

1. Le libre jeu du marché permet de limiter les cartels de producteurs.
2. La concentration des marchés est source de perte de bien-être.
3. La politique de la concurrence hésite entre rétablir les conditions de la concurrence parfaite et permettre une concurrence imparfaite.

Faites la synthèse.

Pourquoi faut-il rétablir la concurrence entre les entreprises ?

DOSSIER 2

Les formes d'action de la politique de la concurrence en Europe

DOC 1 • Les soupçons d'entente sur les prix

POUR COMMENCER

L'Autorité de la concurrence enquête sur un cartel entre meuniers français et allemands sur la farine en sachet. Le premier volet de son enquête, le plus avancé, concerne la farine en sachet (généralement d'un kilo) vendue en magasins. À la suite d'une demande de clémence de la part du meunier allemand Werhahn, qui s'est dénoncé, l'Autorité reproche à une dizaine d'entreprises de meunerie françaises de s'être entendues avec certains de leurs homologues allemands pour limiter les échanges entre la France et l'Allemagne. [...] L'Autorité fait état de réunions « *à compter de 2002 sur la farine en sachet ayant eu pour but de limiter les ventes de farine en sachet commercialisées entre l'Allemagne et la France à un volume de 15 000 tonnes par an* ». Les principaux meuniers français seraient mêlés à ce cartel franco-allemand qui aurait duré de 2002 à 2008, ainsi qu'une dizaine de meuniers allemands. [...] Sur le marché de la farine en sachet, l'Autorité va plus loin : elle estime que la mise en place de structures de vente comme France Farine (Francine) et, dans une moindre mesure, Back Mühle (pour le hard discount) a conduit à des pratiques anticoncurrentielles. [...] Le montant à venir des amendes inquiète car cette affaire devrait être l'une des premières après la réforme de la politique de sanction par l'Autorité, qui devrait conduire à plus de sévérité. À cela s'ajoute qu'elle pourrait être le prélude d'une autre enquête en cours, toujours dans la farine.

Mathilde VISSEYRIA, « Soupçons d'entente sur les prix de la farine », *Le Figaro*, 28 mars 2011.

Le saviez-vous ?

En France, l'**Autorité de la concurrence** surveille, au nom de l'État, les pratiques anticoncurrentielles, les opérations de concentration et effectue l'expertise du fonctionnement des marchés. La **Direction générale de la concurrence, de la consommation et de la répression des fraudes (DGCCRF)**, service du ministère de l'Économie de portée locale, surveille le jeu de la concurrence des marchés publics, les délégations de service public, les contrats de partenariat.

QUESTIONS

1. **Lire.** En quoi a consisté la pratique anticoncurrentielle dans le cas de la farine ?
2. **Justifier.** Pensez-vous que les ententes puissent être aisément décelées ?
3. **Lire.** Quel est l'organisme qui recueille les plaintes des consommateurs ?

DOC 2 • L'Union européenne sanctionne aussi les entreprises pour abus de position dominante

Siemens Janvier 2007	Le groupe allemand doit verser une amende de 396,6 millions d'euros pour une entente sur le marché des matériels servant à contrôler les flux d'énergie dans les réseaux d'électricité.
ThyssenKrupp Février 2007	Bruxelles condamne le groupe à 479,7 millions d'euros d'amende pour une entente sur le marché des ascenseurs.
Microsoft Février 2008	Le géant du logiciel est condamné à la plus grosse amende jamais infligée jusqu'alors par la Commission européenne – 899 millions d'euros – pour abus de position dominante.
Saint-Gobain et Pilkington Novembre 2008	La Commission européenne inflige une amende historique de 896 millions d'euros à Saint-Gobain, accusé de s'être partagé avec trois autres producteurs le marché du verre plat pour l'industrie automobile. Dans la même affaire, Pilkington devra pour sa part débourser 370 millions d'euros.
Intel Mai 2009	Le numéro un mondial des microprocesseurs est condamné par l'antitrust européen à verser une amende de 1,06 milliard d'euros pour avoir abusé de sa position dominante au détriment de son concurrent AMD.
Procter & Gamble et Unilever Avril 2011	315 millions d'euros d'amende aux géants de la lessive : l'entente avec la société Henkel sur le marché des poudres à lessiver dans huit pays de l'Union européenne a duré environ trois ans et visait à stabiliser les positions sur le marché et à coordonner les prix.

D'après « Les plus fortes amendes infligées par la Commission européenne », *Les Échos*, 9 novembre 2010, et « Bruxelles démantèle le cartel de la lessive », *Challenges*, 13 avril 2011.

QUESTIONS

1. **Lire.** Quelles sont les entreprises qui sont condamnées pour ententes et celles qui le sont pour abus de position dominante ?
2. **Analyser.** Quelle est la différence entre ces deux pratiques ?
3. **Lire.** Qui fait respecter les règles de la concurrence au sein de l'Union européenne en matière de pratiques commerciales anticoncurrentielles ?
4. **Expliquer.** En quoi les actions contre les ententes et les abus de position dominante peuvent-ils être considérés comme des mesures de répression et non de prévention ?

Notion

Abus de position dominante : entreprise dominant un marché qui profite de cette situation pour imposer des conditions de vente déloyales : prix abusifs, accords de vente exclusifs, dissuasion d'entrée des concurrents, primes de fidélité visant à détourner les fournisseurs de leurs concurrents.

DOC 3 • Surveiller le degré de concentration des entreprises oblige à définir le marché

La Commission européenne [...] a décidé de bloquer la fusion entre les deux premières compagnies aériennes grecques, Olympic Air et Aegean Airlines, qui à elles deux détiennent plus de 90 % du marché domestique. « *Nous n'avons pas eu d'autre choix que d'interdire l'opération,* a expliqué [...] le commissaire européen à la Concurrence [...] qui dit avoir voulu protéger les consommateurs. *Les deux compagnies auraient eu un quasi-monopole, qui aurait mené à des prix plus élevés et à une baisse de la qualité du service pour les quatre millions de passagers qui voyagent chaque année entre Athènes et les îles grecques.* » Selon lui, la fusion aurait éliminé toute concurrence sur neuf liaisons nationales importantes – huit entre Athènes et les îles, plus Athènes-Thessalonique.

« Bruxelles interdit la fusion d'Olympic et d'Aegean », *Les Échos*, 27 janvier 2011.

La démarche de l'économiste

Délimiter le marché pertinent est essentiel car il permet d'identifier le périmètre à l'intérieur duquel peuvent survenir les pratiques anticoncurrentielles et de mesurer précisément la création ou le renforcement d'une position dominante. Sans cet instrument, les différentes autorités de la concurrence ne sauraient exercer leur rôle de contrôle et de sanction.

Notion

Marché pertinent : lieu de confrontation entre l'offre et la demande de biens et services substituables entre eux mais non substituables à d'autres biens et services. Il comporte, sur une zone géographique délimitée, tous les biens ou services dont on peut penser que les demandeurs les considèrent comme interchangeables et substituables en raison de leurs caractéristiques, de leurs prix et de l'usage auquel ils sont destinés.

QUESTIONS

1. **Lire.** Pour quelles raisons la Commission européenne a-t-elle décidé de bloquer la fusion des deux premières compagnies aériennes grecques ?
2. **Analyser.** Pourquoi est-il nécessaire de définir le marché pertinent ?
3. **Expliquer.** Dans le cas des compagnies aériennes grecques, quel est le marché géographique pertinent ?
4. **Analyser.** La décision de la Commission européenne est-elle préventive ou répressive ?

DOC 4 • Les services publics n'échappent pas à la politique de la concurrence

À l'origine de la volonté d'instaurer la concurrence au sein de l'Union dans les services de réseau – électricité, gaz, télécommunications, postes et chemin de fer –, il y avait une double conviction : elle était le seul moyen de constituer des ensembles européens dans ces domaines et elle serait bénéfique tant pour les consommateurs que sur le plan industriel. Du point de vue des consommateurs, cette conviction s'appuyait sur la critique des monopoles développée par les économistes. Une entreprise en situation de monopole tend en effet à abuser de son pouvoir de marché : elle est « faiseuse de prix » ; à l'inverse, les entreprises en situation de concurrence pure et parfaite ne sont que « preneuses de prix », c'est-à-dire qu'elles n'ont aucune influence sur leur formation. Dans le but de maximiser son profit, l'entreprise en situation de monopole tend à restreindre sa production et à pratiquer des prix plus élevés que dans un cadre concurrentiel. La dérégulation des télécommunications dans les années 1990 puis celle des marchés de l'énergie dans les années 2000 n'ont cependant pas tenu leurs promesses.

Marc CHEVALLIER, « Électricité, téléphone : la libéralisation en question », *Alternatives économiques*, hors-série, n° 72, 2007.

QUESTIONS

1. **Déduire.** Pourquoi la Commission européenne veut-elle mettre en concurrence les services publics ?
2. **Illustrer.** Donnez des exemples de secteurs autrefois en situation de monopole qui sont en concurrence aujourd'hui.
3. **Déduire.** Pourquoi les aides de l'État ne sont-elles pas compatibles avec les règles communautaires en matière de politique de la concurrence ?

Faire le bilan

Reliez les différentes pratiques anticoncurrentielles aux trois grandes mesures prises par les pouvoirs publics pour préserver et promouvoir la concurrence.

Les pratiques répréhensibles

- Discrimination par les prix
- Exclusion de concurrents
- Monopolisation du marché
- Pratique des prix prédateurs
- Fusion de deux opérateurs de téléphonie mobile
- Accord des opérateurs sur le prix des SMS
- Rachat d'un fournisseur

Les grandes actions de la politique de la concurrence

- Lutte contre les ententes
- Lutte contre l'abus de position dominante
- Contrôle des opérations de concentration

Faites la synthèse.

De quelle manière les différents axes de la politique de la concurrence contribuent-ils à réinstaurer le jeu concurrentiel du marché ?

DOSSIER 3 Les limites des politiques de la concurrence en Europe

DOC 1 • Les géants percent malgré les menaces de sanctions

POUR COMMENCER

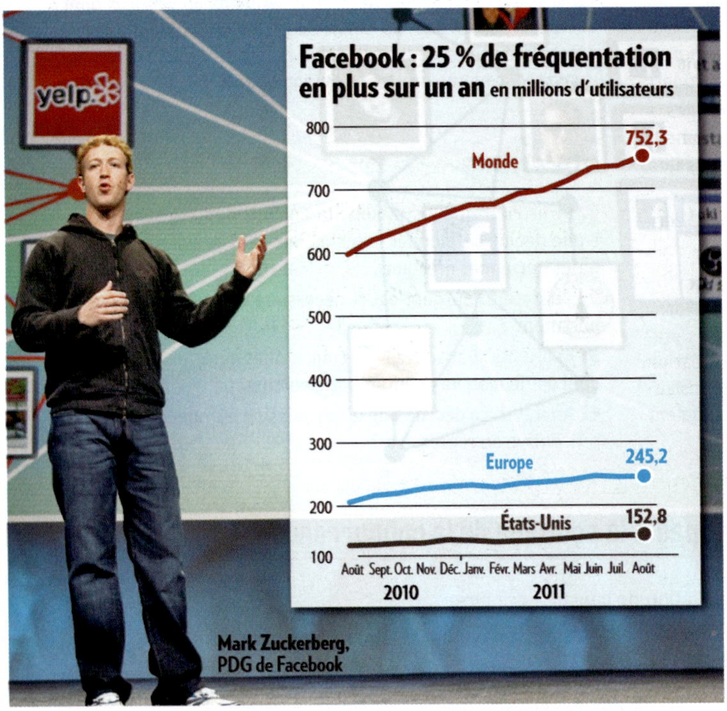

Mark Zuckerberg, PDG de Facebook

La situation est paradoxale. Aux États-Unis et en Europe, le géant du Net Google fait face aux autorités de la concurrence, qui le soupçonnent d'abus de position dominante. Alors que le moteur de recherche fait l'objet de critiques récurrentes sur son caractère monopolistique, un autre géant est en train de prendre des positions au moins aussi fortes : Facebook. Le réseau social devient un point de passage incontournable sur la Toile. Ses 750 millions de membres passent par le réseau social pour nouer et entretenir des relations, mais aussi pour s'informer et se divertir. Une évolution qu'a bien comprise son président Mark Zuckerberg.

Sandrine CASSINI, « Facebook renforce sa prédominance sur le Net », *La Tribune*, 22 septembre 2011.

QUESTIONS

1. **Expliquer.** En quoi Facebook occupe-t-il une position dominante sur Internet ?
2. **Lire.** Combien d'inscrits compte-t-on en Europe et dans le monde en août 2011 ? Calculez l'évolution en pourcentage dans le monde en un an.
3. **Expliquer.** Assiste-t-on à la mise en place d'un nouveau cartel ?

DOC 2 • Des amendes insuffisamment dissuasives

Au niveau législatif, la plupart des pays de l'OCDE ne font pas explicitement référence au gain illicite ou au dommage infligé dans la détermination de l'amende. Ainsi, au niveau communautaire, l'amende de base est fixée de manière forfaitaire (en fonction de la gravité de l'infraction et de sa durée), puis la Commission module le niveau de sanction en fonction de facteurs aggravants (tels que la récidive) et atténuants (programme de clémence, etc.) pour atteindre le montant final, lequel ne peut légalement excéder 10 % du chiffre d'affaires mondial hors taxes des firmes. Le recours à un plafond en chiffre d'affaires repose implicitement sur l'hypothèse selon laquelle le surprofit illicite ou le dommage causé est positivement lié à la taille de l'entreprise. Nous pouvons toutefois remarquer que ce plafond de 10 % introduit un biais en termes de dissuasion : en particulier, une firme mono-produit qui participe à un cartel ne peut risquer plus de 10 % de son chiffre d'affaires total, ce qui est sans doute en deçà du niveau de sanction optimale. […] Au regard de l'objectif de dissuasion, les amendes infligées semblent encore insuffisantes ; l'enquête de l'OCDE (2003) sur un échantillon de onze cartels met en évidence une forte disparité des amendes exprimées par rapport au gain illicite du cartel : entre 3,3 % dans le cas du cartel hôtelier en Espagne et 189 % dans le cas du cartel de la lysine aux États-Unis (incluant dans ce cas à la fois les amendes et les paiements au titre des actions civiles).

Emmanuel COMBE, Constance MONNIER, « Le calcul de l'amende en matière de cartel : une approche économique », *Concurrences*, n° 3, 2007.

La démarche de l'économiste

Si l'on suit le calcul probabiliste, un agent rationnel n'a intérêt à enfreindre la loi que si le gain retiré de son infraction est supérieur à son coût espéré. La « sanction optimale » devrait être égale au rapport du gain illicite (bénéfice tiré de l'infraction) sur sa probabilité de détection : **sanction optimale = gain illicite / probabilité de détection.**

QUESTIONS

1. **Lire.** Quelle est la part maximale de la sanction infligée aux firmes ?
2. **Expliquer.** Pourquoi l'auteur considère-t-il que ce taux peut être en deçà du niveau de sanction optimale ?
3. **Analyser.** Quel est le calcul implicite effectué par une firme lorsqu'elle se lance dans une opération qui peut faire l'objet d'une sanction ?

DOC 3 • Les limites d'une règle de la concurrence uniforme

Le modèle économique des télécommunications est celui d'une activité qui implique de lourds investissements dont la rentabilité ne peut être assurée que sur une longue période. Pour les réseaux de télécommunications […], la rentabilité n'apparaît qu'au bout de cinq ans, même lorsque les investissements sont faibles, cas des MVNO[1], ou de plusieurs dizaines d'années lorsqu'il faut construire un réseau mobile ou fixe. Les règles de concurrence ne s'appliquent évidemment pas de la même manière que pour des activités de cycle court, avec des productions rapidement substituables.

En particulier dans le cas des télécommunications, il est évident que si l'on modifie au cours du cycle de vie des investissements les conditions d'exercice de l'exploitation qui doit les rentabiliser, il ne sera plus possible de trouver des acteurs économiques acceptant de prendre le risque d'investir sans aucune garantie de retour sur les investissements. C'est en partie ce qui explique pourquoi il faut une intervention publique pour financer certains réseaux, ou pour accorder un nombre limité de licences créant une situation d'oligopole. Dans le cas des mobiles s'ajoute le fait que les ressources du spectre hertzien sont limitées. S'en étonner ensuite relève de la mauvaise foi ou de la tromperie. Chaque fois que l'on modifie les conditions initiales il serait normal d'évaluer l'impact économique sur les acteurs, d'évaluer l'intérêt pour les consommateurs, et de décider alors s'il faut changer les conditions et verser une compensation financière aux acteurs lésés, ou rester dans le *statu quo*.

Olivier VOIRIN, « Les limites de la concurrence dans les télécoms », Le Monde.fr, 20 septembre 2009.

1. *Mobile Virtual Network Operator* (Opérateur de réseau mobile virtuel).

QUESTIONS

1. Expliquer. Pourquoi l'auteur suggère-t-il une intervention publique pour financer certains types d'investissement ?

2. Analyser. En quoi la prise en compte de la nature des cycles des activités est-elle importante ?

3. Argumenter. Est-il toujours possible de mesurer l'impact économique et l'intérêt pour le consommateur avant d'entreprendre ?

DOC 4 • Intervention de l'État et distorsion de la concurrence

France Télécom pourrait devoir rembourser à l'État français 1,14 milliard d'euros d'aides publiques si la justice européenne confirme une décision de l'Union européenne de 2004. Le groupe français de télécommunications a bénéficié, entre 1994 et 2002, d'un régime fiscal qui équivaut à une aide illégale d'État, a en effet estimé, jeudi 8 septembre, l'avocat général de la Cour européenne de justice (CEJ). […] Le groupe français, privatisé en 1991, a bénéficié entre 1994 et 2002 d'un régime fiscal particulier, concernant notamment la taxe professionnelle. La Commission européenne, en 2004, avait estimé qu'il constituait une aide illégale d'État. Bruxelles avait alors évalué le montant à récupérer entre 798 millions et 1,114 milliard d'euros, hors intérêts. Le tribunal de l'UE, en 2009, avait confirmé cette décision, mais France Télécom avait introduit un recours, arguant notamment que la récupération des aides en cause était prescrite.

Le Monde.fr et AFP, « France Télécom a touché des aides illégales d'État », 8 septembre 2011.

Le saviez-vous ?

Les aides d'État sont contraires aux articles 87 et 88 du traité de Rome. Toutes les aides susceptibles d'affecter ou de menacer d'affecter les échanges entre les États membres sont concernées (subventions, bonifications d'intérêt, allègement fiscal, garantie, prise de participation totale ou partielle de l'État dans la société, etc.) si elles dépassent 200 000 euros.

QUESTIONS

1. Déduire. L'aide de l'État a-t-elle faussé le jeu de la concurrence ?

2. Expliquer. En quoi cette aide était-elle illégale ?

3. Analyser. Peut-on considérer que cette action de l'État est aujourd'hui prescrite ?

Faire le bilan

Les affirmations suivantes sont-elles vraies ou fausses ?

1. Les États ont le devoir d'aider les entreprises innovantes.
2. La France dispose d'une unique institution de lutte contre les pratiques anticoncurrentielles.
3. La politique de la concurrence en Europe se limite à la lutte contre les abus de position dominante.
4. Les services publics restent un domaine préservé de la concurrence.
5. Le marché pertinent est une notion purement théorique.
6. La concentration est autorisée si elle ne remet pas en cause la concurrence.

Faites la synthèse.

À quelles difficultés se heurte la mise en œuvre de la politique de la concurrence ?

DOSSIER 4

Le débat sur la nécessité de mettre en place une politique de la concurrence

DOC 1 • Quand la concurrence creuse les écarts d'accès aux biens et services

POUR COMMENCER

Évolution du renoncement aux soins

« Au cours de l'année écoulée, vous est-il arrivé de renoncer à des soins médicaux ou de les reporter, pour vous ou un membre de votre foyer, en raison de difficultés financières ? »

En % de oui

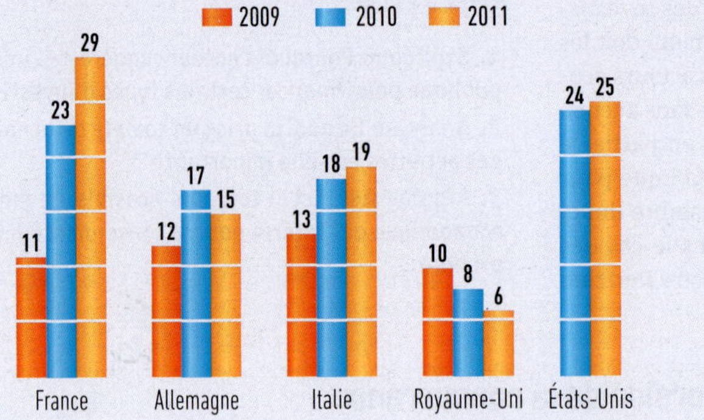

Lecture : le fait de renoncer à des soins médicaux ou de reporter ceux-ci concerne surtout les soins dentaires et les lunettes.

D'après *Les Echos* / Europ Assistance, 2011.

Le saviez-vous ?

La directive relative aux services dans le marché intérieur, dite **directive Bolkestein** (du nom du commissaire européen qui l'avait présentée), a été adoptée par le Parlement européen le 15 novembre 2006. Elle finalise le processus de mise en place d'un grand marché européen dans lequel circulent librement les personnes, les biens, les capitaux et les services.

QUESTIONS

1. **Décrire.** Comment a évolué le renoncement aux soins en France de 2009 à 2011 ?
2. **Analyser.** Peut-on dire que la libéralisation des services a permis aux consommateurs européens d'avoir accès à un suivi médical plus adapté ?
3. **Argumenter.** La mise en concurrence doit-elle être la même dans tous les secteurs ?

DOC 2 • La mise en concurrence ne bénéficie pas toujours aux usagers

Dans un rapport [...], Michel Lapeyre et Maurice Méda, vice-présidents de la CRE (Commission de régulation de l'énergie), notent une dégradation du service EDF ces dernières années avec *« des coupures de plus en plus longues et des pannes de plus en plus fréquentes »*. Ce rapport est basé sur l'examen de 1,2 million de km d'installations communales et départementales. La dégradation touche particulièrement les communes rurales. En moyenne, 1 h 30 de coupures de courant ont été constatées l'an dernier. La palme est revenue à la Lozère avec la bagatelle de 35 h 31 de coupures cumulées dans l'année. ERDF est la première visée par ces conclusions. La filiale d'EDF, chargée de l'entretien et de l'exploitation de la quasi-totalité du réseau (95 %), aurait pâti des choix de la maison mère, qui a préféré s'ouvrir à l'étranger au détriment de l'entretien du réseau. De plus, note le rapport, *« 57 % de ses dépenses totales de maintenance sont correctives »*. Ce qui signifie que les agents d'ERDF ont passé plus de temps à réparer les pannes qu'à entretenir le réseau.

Le groupe EDF a publié mardi un chiffre d'affaires en progression de 4,3 % à 21,9 milliards d'euros sur les trois premiers mois de l'année. Une croissance du chiffre d'affaires essentiellement due aux acquisitions de l'électricien belge SPE et de la moitié des activités nucléaires de l'Américain Constellation Energy Group.

Lexpansion.com, « Le réseau d'EDF serait en piteux état », 11 mai 2010.

Le saviez-vous ?

Un marché est dit contestable si un concurrent peut à tout moment venir s'y installer, les barrières à l'entrée étant supprimées. Dans un marché, même s'il existe un seul producteur, celui-ci doit se comporter comme en situation de concurrence, car sa position peut être contestée. La concurrence ne dépend pas tant du nombre d'entreprises sur le marché que des conditions de contestabilité des positions dominantes.

QUESTIONS

1. **Analyser.** La concurrence dans la fourniture d'énergie a-t-elle bénéficié aux usagers ?
2. **Déduire.** Quelles sont les populations les plus touchées par ces dégradations ?
3. **Argumenter.** De quelle manière la théorie du marché contestable peut-elle expliquer les choix d'investissement d'EDF ?

DOC 3 • Un service public affaibli

C'est un véritable coup de gueule qu'a poussé lundi [le] Médiateur de la République en présentant le dernier rapport annuel de l'institution chargée de régler les différends entre les Français et leur administration. Celui qui a été élu en novembre président du Conseil économique, social et environnemental (CESE) déplore en effet le manque de « *réponse politique* » face au « *burn out* » de la société. [...] Au final, l'institution a traité 46 653 réclamations. Le pôle Santé et Sécurité des soins regroupe à lui seul un tiers des interventions, devant le social (18,2 %), les affaires générales (14,8 %) et la justice (12,1 %). Selon le Médiateur, la moitié des réclamations que lui adressent les usagers « *ne sont pas recevables* » par l'institution, mais « *devraient être réglées d'un simple coup de fil* » auprès « *des structures d'aide existantes* » ou du « *service administratif* ad hoc ». Or, « *c'est précisément là que le bât blesse. [...] Le service public ne porte plus son nom. [...] L'administration a perdu sa capacité à faire du sur mesure pour les personnes en difficulté* », déplore-t-il.

Isabelle MOREAU, « Les plaintes des Français contre l'administration », *La Tribune*, 27 mars 2011.

Le saviez-vous ?

Avant le traité de Lisbonne de 2007, les services publics n'avaient pas vraiment de base juridique européenne. La conception européenne qu'il établit est fondée sur le principe de subsidiarité : les États sont libres de définir, d'organiser et de financer les services qu'ils souhaitent qualifier de **services d'intérêt économique général (SIEG)**. Ce sont les échelons locaux qui les mettent en place.

QUESTIONS

1. **Déduire.** Quels sont les symptômes de l'« épuisement » de la société française dans ce texte ?
2. **Expliquer.** Quel est le principal défaut des services publics selon le Médiateur de la République ?
3. **Justifier.** Le traité de Lisbonne suffit-il à rassurer sur l'avenir du service public ?

DOC 4 • La concurrence peut menacer les industries nationales

Jusqu'où une entreprise peut-elle être compétitive lorsque son environnement ne l'est plus ? Le point faible de l'Europe reste sa compétitivité-prix : un coût du travail élevé (rapport de 1 à 15 entre le coût horaire complet de la France ou de l'Allemagne par rapport à celui de l'Inde ou de la Chine), une dépendance externe aux hydrocarbures et un taux de change défavorable, notamment par rapport au dollar et au yuan. Avec un taux euro / dollar oscillant entre 1,40 et 1,50, il devient très difficile pour certaines filières de remporter des marchés rentables à l'export. Doit-on dire pour autant que l'Europe n'est pas compétitive ? [...] Face à une telle situation, les États européens ont compris qu'ils devaient défendre leur industrie. Plusieurs initiatives ont déjà été prises pour soutenir certaines filières en perte de vitesse : consolidation, structuration de pôles de compétitivité, recapitalisation, facilitation d'accès au financement, plans de relance, subventions à l'export. [...] La question dépasse donc les États, et la construction d'une politique industrielle au niveau européen s'impose comme une priorité. [...] Les États européens continuent à plaider officiellement le développement du libre-échange, mais dans le contexte actuel d'incertitude et d'instabilité, la tentation du protectionnisme est réelle. Les mesures défensives, destinées à freiner les importations, sont en recrudescence depuis le début de la crise.

S. ALBERNHE, R. BERGER, B. RAMANANTSOA, P. MABILLE, « L'Union européenne doit-elle choisir le protectionnisme pour préserver sa compétitivité ? », *La Tribune*, 13 septembre 2011.

QUESTIONS

1. **Expliquer.** Pourquoi les États ont-ils intérêt à soutenir leur industrie ?
2. **Lire.** De quelle façon ont progressé les mesures protectrices des États à l'égard des entreprises ?
3. **Analyser.** Ces mesures sont-elles en contradiction avec le principe de la concurrence ?

Faire le bilan

Recopiez et complétez le texte avec les mots ou expressions suivants.

Politique de la concurrence – exclusion – consommateur – inégalités.

Le projet européen place la .... au cœur de ses préoccupations. Capable de préserver et de restaurer le processus concurrentiel dans l'intérêt du ...., la politique de la concurrence se révèle parfois insuffisante. Elle peut créer des nouvelles formes d'............ ou d'............, comme en matière d'accès aux soins.

Faites la synthèse.

Quels sont les effets pervers de la mise en œuvre de la politique de la concurrence ?

DOSSIER 5

Une politique de la concurrence au service de l'intérêt national et du bien-être

DOC 1 • Articuler la politique de la concurrence à la politique industrielle

POUR COMMENCER

Repères sur le plan de fermeture partielle de l'usine ArcelorMittal de Gandrange :

– 16 janvier 2008 : la direction annonce la fermeture partielle et la suppression de 595 emplois.

– 28 janvier 2008 : Lakshmi Mittal, président d'ArcelorMittal, reçoit le président de la République Nicolas Sarkozy. Il promet d'étudier des propositions alternatives avec les syndicats jusqu'en avril et affirme qu'il n'y aura aucun licenciement sec.

– 4 février 2008 : en visite à Gandrange, Sarkozy promet des investissements de l'État dans le site, avec ou sans son maintien dans le giron d'ArcelorMittal.

– 6 février 2008 : les syndicats et les élus mosellans déplorent la « cacophonie » gouvernementale après que le ministre de l'Économie eut estimé que l'État ne s'apprêtait pas à « subventionner » Arcelor.

– 13 février 2008 : ArcelorMittal annonce des profits record de 10,36 milliards de dollars pour 2007. Mittal décide de fermer partiellement Gandrange.

– 4 avril 2008 : ArcelorMittal confirme la suppression de 575 emplois.

Mars 2009 : ArcelorMittal ferme totalement le site de Gandrange.

Octobre 2011 : fermeture « provisoire » des derniers hauts-fourneaux de Florange.

Février 2012 : les salariés occupent les hauts-fourneaux à l'arrêt.

Bordas, 2012.

Notion

Politique industrielle : mesures prises par l'État pour améliorer ou développer la performance de l'industrie, et plus largement de l'appareil productif.

QUESTIONS

1. Interpréter. Quelles inquiétudes soulève cette manifestation dans le contexte de la politique de la concurrence ?

2. Justifier. La réhabilitation de la concurrence suffit-elle à améliorer la compétitivité ?

3. Déduire. De quelles manières la politique de la concurrence est-elle en contradiction avec une politique industrielle ?

DOC 2 • Orienter la politique de la concurrence vers un bien-être économique

L'approche traditionnelle de la politique de concurrence européenne fait l'objet de critiques croissantes à compter du début des années 2000. La raison en tient à une logique qui serait par trop axée sur un formalisme juridique. Elle conduirait à des interdictions *per se*[1] ne faisant pas justice au caractère éventuellement bénéfique en termes d'efficacité économique de certaines pratiques de marché. La Commission se focaliserait excessivement sur la qualification des stratégies de marché mises en œuvre par l'opérateur dominant à partir de catégories formelles. Elle n'accorderait pas une place suffisante à l'évaluation des effets concrets de celles-ci non seulement sur les concurrents mais aussi sur le bien-être. À ce titre, les annulations de décisions de la Commission dans le domaine du contrôle de concentrations sur la base d'erreurs manifestes d'appréciation en matière économique par le tribunal au début de la première décennie de ce siècle pourraient apparaître comme de salutaires rappels à l'ordre et d'efficaces incitations à la modernisation de son approche économique. [...] Il apparaît que la majeure partie des contestations de l'approche européenne tient à une possible dérive vers une protection des concurrents au détriment du bien-être du consommateur.

Frédéric MARTY, « Politiques européennes de concurrence et économie sociale de marché », *OFCE*, n° 2010-30, novembre 2010.

1. En soi.

Le saviez-vous ?

La **politique de la concurrence** repose sur un double fondement juridique et économique : juridique car il est constitué d'un ensemble de règles déterminant les pratiques licites et illicites des acteurs économiques ; économique car sa visée ultime n'est pas le respect des règles en soi, mais la protection du consommateur et l'efficacité économique.

QUESTIONS

1. Illustrer. Donnez des exemples de la vie quotidienne où la concurrence n'a pas permis d'améliorer le bien-être du consommateur.

2. Déduire. Faut-il préférer une approche économique ?

3. Argumenter. Les annulations des décisions de la Commission européenne attestent-elles d'un plus grand pragmatisme ?

DOC 3 • Permettre une politique de la concurrence plus souple

La concentration industrielle était supposée avoir des effets négatifs sur le bien-être, sur les prix, sur la qualité des produits, etc. En réaction à cet excès, la politique de la concurrence s'est mise à rechercher l'efficacité économique au travers des effets sur le bien-être. C'est le surplus des consommateurs ou / et parfois le surplus global qui sont alors mis en exergue. [...]

La crise économique et financière questionne la pertinence des critères de la politique de la concurrence. [...] S'agit-il de protéger la concurrence ou de veiller au bien-être de l'économie ? [...] En période de crise, des arguments de défense autres que la concurrence (firme en péril, emploi, R&D, etc.) peuvent-ils être recevables ? On pourrait arguer qu'ils sont recevables même en dehors de la crise. La réponse à la question, particulièrement en période de crise, dépend vraisemblablement des registres d'intervention. La tension est très forte entre la crédibilité des engagements que présuppose la politique de la concurrence à long terme et la nécessité d'une flexibilité à court terme, et cela se traduit parfois par le risque de rendre certains dossiers moins urgents.

Ainsi, l'enquête de la Commission sur les stratégies des grands groupes pharmaceutiques, les « big pharma », accusés *a priori* de retarder l'entrée des génériques sur les marchés du médicament, sera-t-elle poursuivie, sachant qu'en période de crise une condamnation pourrait aller à l'encontre des investissements en R&D de l'industrie pharmaceutique ?

David ENCOUA, « Le droit de la concurrence à l'épreuve de la crise économique », *Les actes des ateliers de la concurrence*, 27 avril 2009, DGCCRF.

QUESTIONS

1. **Lire.** Que signifie la phrase soulignée ?
2. **Expliquer.** À quelle difficulté se heurte une entreprise qui doit faire face à des sanctions ?
3. **Analyser.** Faut-il que le droit de la concurrence s'adapte à la crise ?

DOC 4 • Penser une régulation internationale du droit de la concurrence

Été 2008 : les autorités antitrust américaines infligent des amendes record à quatre compagnies aériennes coupables d'entente dans le fret. En Europe, Bruxelles s'apprête à en faire autant. [...] L'histoire du secteur aérien et l'absence d'un véritable droit international des ententes peuvent éclairer ce phénomène récurrent. [...] Pendant longtemps, les transporteurs aériens ont échappé au droit de la concurrence qui sanctionne notamment les ententes. La raison est simple : le transport aérien était en effet hors marché. Dans tous les pays, il avait un statut d'activité d'intérêt public, avec de grandes compagnies, la plupart du temps « à capitaux publics », protégées de la concurrence par des monopoles de fait – de droit. À l'international, c'est-à-dire pour les vols non domestiques, le transport aérien était hors pression concurrentielle dans la ligne [...]. L'accès au marché se faisait sur la base d'accords bilatéraux négociés entre États qui désignaient les transporteurs autorisés, limitaient les capacités, définissaient les prix.

Nadège CHAPIER-GRANIER, « La régulation internationale de la concurrence dans l'aérien n'existe pas encore », propos recueillis par Jean-Michel GRADT, *Les Échos*, 10 novembre 2009.

Le saviez-vous ?

Les décisions de la Commission européenne en matière de contrôle de la concurrence peuvent faire l'objet de recours devant la Cour générale de l'Union européenne (qui remplace le Tribunal de première instance des Communautés européennes depuis 2009). Dernièrement, celle-ci a, par exemple, rejeté le projet de concentration entre BMG et Sony (13 juillet 2006) et réduit de moitié l'amende infligée à Arkema, leader de la chimie en France (9 juin 2011).

QUESTIONS

1. **Lire.** Que signifie la phrase soulignée ?
2. **Déduire.** De quelle manière les compagnies aériennes échappent-elles à la concurrence ?
3. **Analyser.** Pourquoi est-il important de penser à une régulation internationale de la concurrence ?

Faire le bilan

Pour chacune des propositions, dites si elle contribue à enrichir et à assouplir la politique de la concurrence.

1. Veiller à respecter strictement les règles juridiques.
2. Laisser le marché réguler de lui-même la concurrence internationale.
3. Permettre une flexibilité à court terme des règles de la concurrence.
4. Favoriser surtout la compétitivité des entreprises.
5. Interdire que les décisions de la Commission européenne soient contestées.

Faites la synthèse.

De quelle manière la politique de la concurrence peut-elle améliorer le surplus global ?

L'ESSENTIEL

Quel est le rôle de la politique de la concurrence ?

DOSSIER 1 Les justifications d'une politique de la concurrence

● Les situations de concurrence imparfaite où le pouvoir de marché est accaparé par quelques **cartels de producteurs** ne sont pas sans poser problème. Les consommateurs sont pénalisés, les concurrents potentiels mis à l'écart, les biens rares et environnementaux parfois gaspillés et détruits. Le marché, pris en étau par quelques oligopoles qui fixent de manière asymétrique et contraire aux règles du marché les modalités de distribution des biens et services, n'est plus en mesure d'assurer le bien-être collectif.

● Le retour de la concurrence est, dans ce contexte, bénéfique pour tous. Les entreprises cherchent à offrir la meilleure gamme de produits au meilleur prix, sous peine de voir les consommateurs se tourner vers leurs concurrents. L'exemple de la diffusion de la téléphonie et d'Internet ces dernières années le démontre. Pour autant, les modalités et finalités de la **politique de la concurrence** ne relèvent pas d'un consensus car elles sont issues d'histoires nationales différentes, de la mise en œuvre des **fonctions économiques de l'État** spécifiques aux nations et expriment un rapport particulier à la réalité de la concurrence.

DOSSIER 2 Les formes d'action de la politique de la concurrence en Europe

● Fondée sur la conviction que les **marchés concurrentiels** créent les conditions de l'efficacité du marché intérieur et sont nécessaires pour stimuler l'innovation et permettre le bien-être social, la politique de la concurrence contribue au retour à la concurrence en Europe de trois manières : la lutte contre les ententes, la lutte contre l'**abus de position dominante** et la lutte contre la concentration du marché.

● Le **marché pertinent** est le cadre qui permet aux autorités de la concurrence d'apprécier et de délimiter les conditions dans lesquelles s'exerce la concurrence, de définir les contours du marché concerné. Considérant que les aides de l'État peuvent fausser la concurrence loyale et efficace et nuire à l'économie, la Commission européenne contrôle strictement les entreprises. Enfin, les services publics (avec les grands services de réseaux que sont l'électricité, le gaz, les télécommunications, la poste et le chemin de fer) sont entrés dans un processus d'ouverture à la concurrence depuis plus d'une décennie.

DOSSIER 3 Les limites des politiques de la concurrence en Europe

● Si les autorités de la concurrence jouent le rôle d'arbitre pour faire en sorte que les règles du jeu soient les mêmes pour toutes les entreprises en présence sur les marchés, ces mesures ne suffisent pas toujours. La dissuasion suppose que les sanctions soient plus importantes que les gains potentiels attendus des pratiques anticoncurrentielles. Quand cela n'est pas le cas et quel que soit le montant des amendes, les **marchés imparfaitement concurrentiels** prennent le pas.

● En outre, les règles de la mise en concurrence ne sont pas les mêmes pour toutes les firmes. Certains investissements lourds et / ou spécifiques ne peuvent être supportés que par quelques-uns : l'uniformité des règles de la concurrence n'est pas tenable car le **pouvoir de marché** n'est pas fondé sur les mêmes principes. Enfin, il arrive que les États introduisent des distorsions à la concurrence en soutenant directement ou indirectement certaines entreprises.

Acquis de Première

Fonctions économiques de l'État : définies par Musgrave, elles sont au nombre de trois : l'allocation des ressources, la distribution et la régulation.

Marchés concurrentiels : marchés en concurrence pure et parfaite, où se rencontrent une multitude d'offreurs et de demandeurs, et sur lesquels s'établissent un prix de marché (ou d'équilibre) et une quantité d'équilibre, la quantité offerte par les firmes étant équivalente à la quantité demandée par les consommateurs.

Marchés imparfaitement concurrentiels : situation où les conditions de la concurrence pure et parfaite ne sont pas respectées.

Pouvoir de marché : capacité d'une entreprise à imposer un prix de vente élevé en raison de son poids sur le marché.

Notions du programme

Abus de position dominante : entreprise dominant un marché qui profite de cette situation pour imposer des conditions de vente déloyales : prix abusifs, accords de vente exclusifs, dissuasion d'entrée des concurrents, primes de fidélité visant à détourner les fournisseurs de leurs concurrents. Cet abus est sanctionné par la Commission européenne.

Cartel de producteurs : situation de marché où les entreprises sont en collusion, en fixant notamment leurs prix et leurs quantités de manière coordonnée pour maximiser leurs profits communs.

Marché pertinent : lieu de confrontation entre l'offre et la demande de biens et services substituables entre eux mais non substituables à d'autres biens et services. Il comporte, sur une zone géographique délimitée, tous les biens ou services dont on peut penser que les demandeurs les considèrent comme interchangeables et substituables en raison de leurs caractéristiques, de leurs prix et de l'usage auquel ils sont destinés.

DOSSIER 4 Le débat sur la nécessité de mettre en place une politique de la concurrence

- La politique européenne de la concurrence a été remise en cause à plusieurs titres ces dernières années : espérant qu'elle favoriserait l'efficacité du marché européen, qu'elle stimulerait l'innovation et la compétitivité des entreprises, certains économistes ont mis l'accent sur la défaillance des marchés, l'augmentation des inégalités et de l'exclusion.
- Les États intervenant moins, les investissements essentiels, les grands services publics nationaux et les perspectives de mettre en œuvre une véritable et ambitieuse politique industrielle sont délaissés. Les tentations de retour au protectionnisme rappellent les limites de cette politique de la concurrence conçue comme une finalité et non comme un moyen.

DOSSIER 5 Une politique de la concurrence au service de l'intérêt national et du bien-être

- Le fait de rétablir la concurrence n'est pas un élément suffisant pour améliorer la compétitivité des entreprises. Articulée à la politique de la concurrence, la **politique industrielle** doit être en mesure de jouer son rôle d'impulsion des activités économiques, tout en préservant le libre jeu du marché. De même, en assouplissant sa dimension juridique peu soucieuse du bien-être des consommateurs, la politique de la concurrence gagnerait à emprunter une voie plus pragmatique et profitable à tous.
- Faut-il à tout prix protéger la concurrence ou veiller au bien-être de l'économie ? Les crises successives montrent la nécessité d'opter pour une politique plus flexible à court terme, tenant compte de finalités extraconcurrentielles. Enfin, dans un contexte de globalisation croissante, de plus en plus d'entreprises, d'opérations de concentration et de cartels de dimension internationale échappent aux règles de concurrence des États. Réfléchir à une régulation internationale de la concurrence permettrait de mettre en place une politique de la concurrence plus efficace.

Politique de la concurrence : garantit que les entreprises se livrent une concurrence loyale, fondée sur les produits et les prix, sans qu'aucune ne bénéficie d'avantages injustifiés. Il s'agit ainsi de limiter les positions dominantes sur le marché et de mettre fin à toute pratique anticoncurrentielle.

Notion complémentaire

Politique industrielle : mesures prises par l'État pour améliorer ou développer la performance de l'industrie, et plus largement de l'appareil productif.

SCHÉMA BILAN

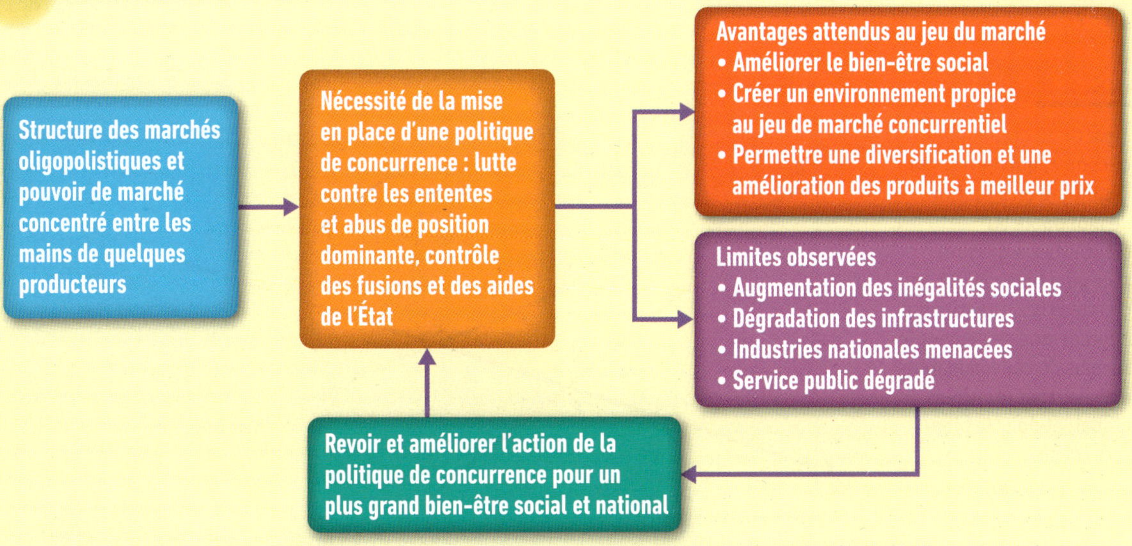

VERS LE BAC

Exercices pour réviser

EXERCICE 1

Complétez le texte avec les mots ou expressions suivants :
ententes (deux fois) – prise de contrôle – États-Unis – concurrence – consommateurs – société – fusion – pouvoir de marché – antitrust – concentration – Autorité de la concurrence.

La loi antitrust (visant à lutter contre les ....) consiste à réduire la .... économique. La première loi ...., la loi Sherman (du nom d'un sénateur américain), a été adoptée aux .... à la fin du XIXe siècle et signe la naissance du droit de la .... moderne. Elle avait pour objectif de réduire le .... des grandes entreprises. En réduisant la concurrence, elles risquaient de nuire aux .... et à la .... dans son ensemble.
En France, il n'existe pas de loi antitrust à proprement parler, mais l'obligation de soumettre un projet de .... ou de .... à autorisation administrative dès lors que cette fusion est susceptible de conduire à une position dominante (plus de 30 % du marché national d'un produit déterminé). En outre, une .... est chargée de réprimer les éventuelles ententes .... passées entre firmes pour réduire la concurrence entre elles (partages de marché, prix concertés, etc.).

EXERCICE 2

De 1997 à 2003, Orange, Bouygues Telecom et SFR ont formé un cartel et se sont partagé le marché français de la téléphonie mobile. Les trois opérateurs procédaient à des échanges d'informations sur leurs abonnés et définissaient leurs parts de marché respectives. Chaque mois, ils se communiquaient le nombre des nouveaux abonnés ainsi que le nombre de contrats résiliés. Ils avaient, en outre, conclu un accord portant sur une stabilisation de leurs parts de marché autour d'objectifs définis en commun. D'une stratégie individuelle de conquête de parts de marché, les opérateurs se sont tournés vers une stratégie commune de rentabilisation de la clientèle acquise.

1. **Quels sont les inconvénients de ce cartel en termes d'efficacité économique ?**
   a. en matière d'effort de progrès technique
   b. en matière des quantités offertes
   c. en matière de gamme des produits
2. **En quoi ce cartel des opérateurs de téléphonie mobile a-t-il été préjudiciable aux consommateurs ?**
   a. en termes de prix
   b. en termes de gamme de produits
   c. en termes d'accord commercial

EXERCICE 3

À partir du graphique ci-contre, qui représente l'équilibre en situation de monopole ou d'ententes, expliquez pourquoi on aboutit à un couple prix / quantité qui dégrade non seulement le surplus du consommateur, mais surtout le surplus global, et donc le bien-être social.

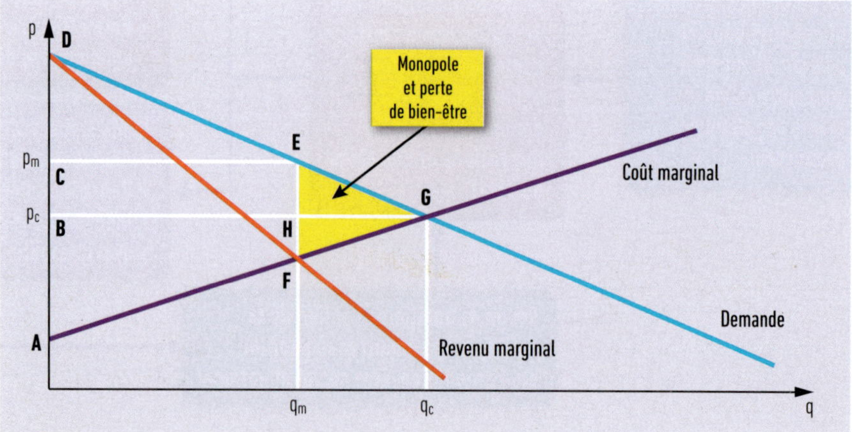

Sujet 1 pour s'entraîner

SUJET Le fait d'accroître la concurrence est-il toujours synonyme de plus grande efficacité économique et sociale ?

DOCUMENT 1

La part de marché des compagnies low-cost dans le trafic aérien intra-européen pourrait passer la barre des 50 % d'ici à 2020. […] Un Paris-Madrid sur un vol classique coûte 130 euros, sur un low-cost 70 euros. Et surtout que Ryanair et EasyJet ont chacune transporté en 2010 plus de passagers en Europe qu'Air France-KLM ! Il y a quatre enseignements économiques de ces évolutions.

1. Le transport aérien, grâce à ces dynamiteurs du transport aérien, s'est banalisé, comme le bus ou le train. […]

2. Puisque l'on parle beaucoup de baisse de pouvoir d'achat, il a vraiment augmenté dans le transport aérien.

3. Il est possible de gagner de l'argent avec le discount. Au dernier semestre connu, Ryanair a gagné 400 millions d'euros, EasyJet plus de 100. Cela surprend parce que le transport aérien est habituellement un métier déficitaire, avec des frais élevés et dépendant du prix du pétrole.

4. Les majors, les grandes compagnies, sont obligées de bouger. Air France a soumis il y a dix jours aux pilotes un plan pour baisser ses coûts. Les low-cost, elles, copient les grandes en voulant séduire une clientèle d'affaires.

Mais la vraie conclusion est que la concurrence a au moins l'avantage de faire baisser les prix tandis que dans le secteur de l'électricité, on l'a découvert mardi avec stupéfaction, elle les fait monter !

Dominique SEUX, « Aérien low-cost : vive la concurrence », *Les Échos*, 21 avril 2011.

DOCUMENT 2

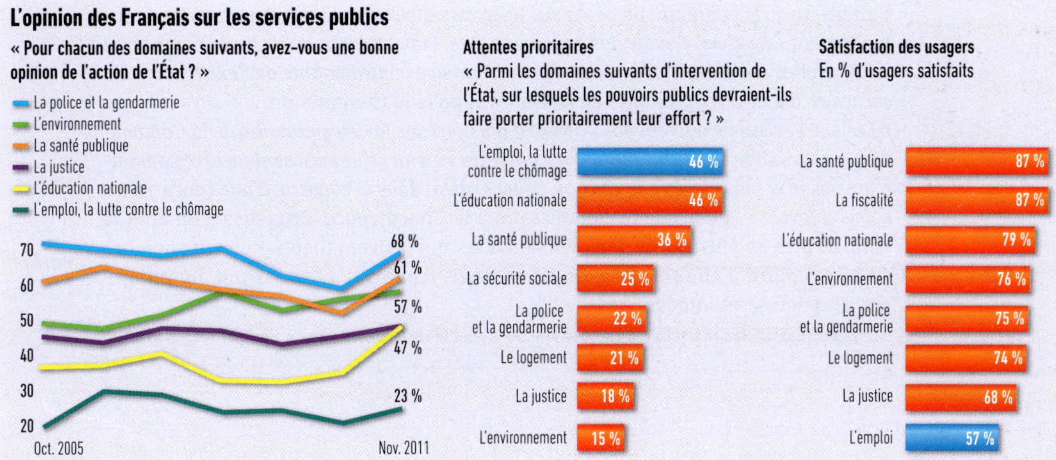

D'après BVA-Institut Paul Delouvrier, 2011.

Point méthode

- Il s'agit d'un sujet qui doit vous permettre de construire une argumentation nuancée.
- La définition des termes du sujet, notamment de l'efficacité économique et sociale, vous aidera à trouver les bonnes pistes de réflexion.
- Montrez votre capacité à défendre mais également à relativiser les enseignements théoriques sur la concurrence.

Sujet 2 pour s'entraîner

SUJET Dans quelle mesure la Commission européenne a-t-elle intérêt à renforcer les sanctions contre les ententes ?

DOCUMENT

Bruxelles lave plus blanc ! Dans le cadre de sa vaste offensive contre les cartels, la Commission européenne s'attaque aux lessiviers. Elle a infligé mercredi une amende de 315,2 millions d'euros à Procter & Gamble et à Unilever qui s'étaient entendus pendant plus de trois ans sur les prix dans huit pays européens. Le groupe allemand Henkel qui faisait aussi partie du cartel a, lui, bénéficié d'une immunité totale pour avoir révélé les faits. Pour les autres, l'amende aurait pu être plus salée. Mais la Commission a accordé un rabais de 60 % à l'Américain Procter & Gamble et de 35 % à l'Anglo-Néerlandais Unilever, car ils ont coopéré et reconnu leur culpabilité pour obtenir un accord amiable. Procter devra donc payer 211,2 millions d'euros et Unilever 104 millions. Des montants élevés, justifiés par la taille des parts de marché et « l'extrême gravité de l'infraction ».
Le cartel a commencé à l'occasion d'une initiative professionnelle visant à améliorer les performances écologiques des produits et a fonctionné entre janvier 2002 et mars 2005 dans huit pays [...]. Henkel, Procter et Unilever se sont entendus pour se partager le marché des lessives en poudre et fixer les prix. Ils se sont ainsi mis d'accord pour ne pas baisser les tarifs quand la taille des paquets diminuait [...].
Unilever a assuré dans un communiqué que le règlement amiable était « dans l'intérêt même de l'entreprise » et souligné que le montant avait déjà été provisionné. L'affaire risque cependant de peser sur les poursuites en dommages et intérêts éventuellement engagées devant les tribunaux des États membres. Une condamnation de Bruxelles constitue généralement une « *preuve contraignante de l'existence et du caractère illicites des pratiques en cause* », rappelle la Commission.
« *Les entreprises ne doivent pas se faire d'illusions sur la détermination de la Commission à poursuivre une lutte énergique contre les ententes qui imposent aux consommateurs des prix plus élevés que ceux qu'ils paieraient dans le contexte d'une concurrence saine et loyale* », a martelé le commissaire à la Concurrence. Bruxelles a en effet la main de plus en plus lourde dans ses sanctions, qui peuvent théoriquement atteindre 10 % du chiffre d'affaires. Près de 12 milliards d'euros d'amendes ont été infligés ces cinq dernières années.

Ivan LETESSIER, Claire GALLEN, « Lourdes sanctions pour le cartel des lessives », *Le Figaro*, 13 avril 2011.

Point méthode

- Votre argumentation doit insister sur les risques de la progression des ententes entre entreprises.
- La notion de surplus vous aidera à mobiliser des connaissances plus larges.
- Soulignez la difficulté d'établir un niveau de sanction qui puisse être optimal.
- Il ne s'agit pas de donner votre avis mais de montrer votre bonne connaissance des mécanismes de lutte contre les ententes.

Thème 3

Instabilité financière et régulation

Instabilité financière et régulation

Les enjeux

Entre novembre 1636 et mai 1637, en Hollande, le prix moyen des tulipes a été multiplié par vingt. En une matinée, le 24 octobre 1929, la Bourse de New York a perdu 22 % de sa valeur. En 2000, Mme Rosa découvre qu'elle peut placer son épargne dans des fonds éthiques qui financent des projets de développement dans le tiers-monde. En 2012, M. Dupont suit les conseils d'une publicité sur Internet, place ses économies sur le « Forex »... et perd tout. La même année, Augustin Quincampoix trouve à Los Angeles un *Business Angel* qui lui prête les 100 000 dollars nécessaires à la commercialisation de son logiciel.

Quel est le point commun entre ces exemples ? Ils montrent que la finance est utile, voire indispensable, mais également dangereuse. En effet, sans elle les investisseurs ne pourraient compter que sur leur propre épargne pour se développer. Grâce au système financier mondial, un investisseur peut trouver n'importe où des agents qui lui apportent leur épargne ; de l'autre côté, l'épargnant se voit proposer une gamme de plus en plus large, et potentiellement plus rémunératrice, de placements.

La contrepartie de cette efficacité est la fragilité. Le système financier mondial est aujourd'hui devenu plus instable, marqué par des phases d'optimisme exagéré suivies de retournements brutaux. Il connaît des crises récurrentes qui peuvent avoir des conséquences dramatiques, non seulement sur l'épargne et le patrimoine des agents mais aussi sur l'économie dans son ensemble.

Pour les économies du monde entier, l'enjeu est de parvenir à conserver les avantages d'une finance globalisée en en limitant les dangers. C'est la tâche des autorités monétaires ; une tâche qui apparaît parfois impossible à remplir.

« Quand un grand nombre de voitures sortent de la route, vous commencez à vous demander si ce n'est pas la chaussée elle-même qui a un problème »

Alan S. BLINDER

Qu'est-ce que la globalisation financière ?

Chapitre 5

DOSSIERS

Notions du programme

- **Actif financier**
- **Devise**
- **Globalisation financière**
- **Intermédiation financière**

Du banquier... à la salle de marché

DOSSIER 1 L'importance du système financier

DOC 1 • Qui a besoin de financement ?

POUR COMMENCER

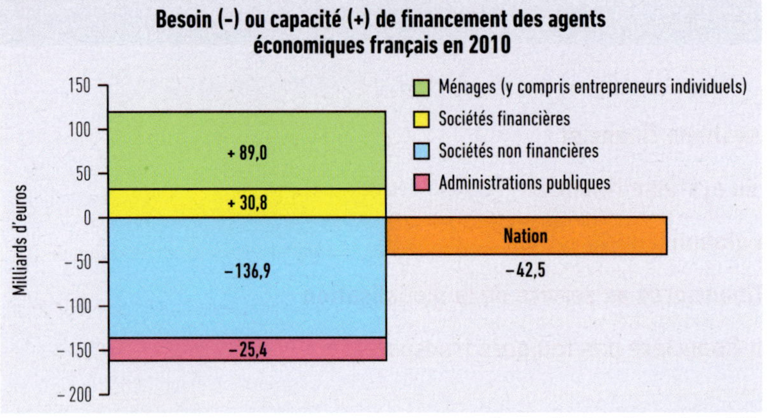

Source : *Comptes nationaux*, Insee, 2011.

Les besoins et capacités de financement les plus importants

En milliards de dollars	2009
Chine (2008)	+ 758
Allemagne	+ 170
Japon	+ 111
Fédération de Russie	+ 80
Royaume-Uni	– 32
Grèce	– 43
France	– 44
Italie	– 57
Espagne	– 76
États-Unis	– 455

Source : OCDE.

Ne pas confondre

Si un agent dispose d'une épargne pouvant être placée dans le système financier, il a une **capacité de financement**. Si son investissement est plus important que son épargne, il est en **besoin de financement** et doit faire appel au système financier. En général, les ménages ont une capacité de financement et les entreprises un besoin de financement. Les États ont soit un besoin, soit une capacité de financement.

QUESTIONS

1. Expliquer. Pourquoi les ménages ont-ils globalement une capacité de financement ?

2. Calculer. Additionnez l'ensemble des besoins (–) et des capacités (+) de financement français. Que constatez-vous ?

3. Analyser. Que signifie une capacité de financement négative pour la nation ? Où les agents nationaux peuvent-ils obtenir ce financement ?

DOC 2 • À quoi sert le système financier ?

Imagine-t-on un monde marchand sans finance ? Chacun y serait contraint à n'investir dans les projets productifs […] que sa propre épargne, tout en étant incapable d'ajuster le risque qu'il prend à ses moyens financiers et à son goût du risque. Autant dire que l'investissement serait extrêmement limité, et la croissance quasi nulle. Empiriquement, on peut en effet récapituler ainsi les différentes fonctions de la finance :

– une fonction de transfert de la richesse dans le temps : […] un épargnant peut placer [sa] monnaie en instruments financiers […] et la récupérer plus tard, augmentée du rendement de ce placement ;

– une fonction de gestion des risques : […] la finance permet de réduire les risques individuels en les divisant, et de les transférer à d'autres individus, moins récalcitrants au risque […] ;

– une fonction de mise en commun des richesses, lui permettant de financer des projets dont l'ampleur dépasserait la richesse d'un seul individu […] ;

– une fonction d'information : certaines institutions financières […] produisent une information publique […] utile aux individus pour orienter leurs choix […].

En résumé, les fonctions principales de la finance sont de rassembler l'épargne dispersée pour l'affecter à des projets d'investissement dont l'envergure et le risque dépassent ce qui est à la portée des fortunes individuelles, et d'offrir à cette épargne une grande variété d'instruments différents par leurs couples rentabilité-risque, donc d'organiser un vaste marché d'échange des risques inhérents à tout investissement productif.

Pierre-Noël GIRAUD, « Quelques hypothèses sur la finance moderne », in *Comprendre la finance contemporaine*, La Découverte, coll. Regards croisés sur l'économie, n° 3, 2008.

Ne pas confondre

Il existe différents modes de financement. **L'autofinancement** utilise la propre épargne d'un agent économique. Le **financement direct** passe par les marchés financiers tandis que le **financement indirect** a recours à des intermédiaires financiers comme les banques.

QUESTIONS

1. Analyser. Quels seraient les problèmes posés par un monde sans finance ?

2. Expliquer. Quelles sont les différentes fonctions remplies par le système financier ?

DOC 3 • Le financement intermédié : pourquoi passer par une banque ?

Une banque, ça sert à quoi ? En principe, une banque fonctionne comme une petite épicerie : elle achète de l'argent à des épargnants, d'un côté, et revend cet argent sous forme de crédit, en espérant, comme tout bon commerçant, faire une différence entre le prix d'achat et le prix de vente, et ces prix, pour la banque, ce sont les différents taux d'intérêt. Normalement, ce taux d'intérêt dépend de l'équilibre entre l'offre et la demande. S'il y a beaucoup de liquidités, les prix sont plutôt bas. S'il y a beaucoup de demande d'argent, les prix montent.
Le marché de l'argent n'est pas aussi simple que cela parce que, entre l'offre et la demande, il y a des banquiers centraux qui peuvent intervenir pour corriger certaines anomalies ou certains déséquilibres. Si le système manque d'argent, ils en injecteront pour que les prix ne montent pas trop. À l'inverse, si le système s'emballe, ils le refroidissent en fermant le robinet. La cuisine bancaire, au quotidien, est assez simple et finalement ennuyeuse. Comme les banques se sont un peu modernisées depuis le Moyen Âge, et que les banquiers essaient de ne pas s'ennuyer quand ils jouent ensemble, ils ont compliqué la formule. Ainsi collectent-ils des dépôts à court terme et font des prêts à long terme. C'est ce que l'on appelle la « transformation », fonction « matricielle » du métier de banque depuis au moins le début du XIXe siècle. Le métier a, toutefois, beaucoup changé depuis le début des années 1980.

Olivier PASTRÉ, Jean-Marc SYLVESTRE, *Le Roman vrai de la crise financière*, Perrin, 2008.

QUESTIONS

1. Définir. Rappelez ce qu'est un taux d'intérêt.

2. Expliquer. Montrez qu'en théorie un épargnant et un investisseur n'ont pas intérêt à passer par un intermédiaire financier.

3. Analyser. Quels avantages apporte l'intermédiaire financier à l'épargnant ? À l'investisseur ?

4. Définir. Qu'est-ce que la fonction de transformation ? Montrez qu'elle amène l'intermédiaire à prendre un risque.

DOC 4 • Le financement par les marchés

On appelle marché primaire le marché financier sur lequel les nouvelles émissions de titres, d'actions ou d'obligations sont proposées par les sociétés ou les États émetteurs à des acheteurs appelés souscripteurs. Un marché secondaire est, quant à lui, un marché financier sur lequel s'échangent des titres précédemment émis (et donc de seconde main). […] Les Bourses sont des marchés secondaires sur lesquels un certain nombre de titres sont cotés et échangés. […] Quand quelqu'un achète un titre sur le marché secondaire, celui qui le lui vend reçoit un paiement en échange du titre, mais l'entreprise qui l'a émis ne reçoit rien. […] Le marché secondaire […] rend plus facile et plus rapide la vente de titres par leurs détenteurs : elle les rend plus liquides. […] Le marché secondaire détermine un cours pour chaque titre, qui fournit à l'investisseur une évaluation [de l'entreprise]. […] Les marchés secondaires peuvent être organisés de deux manières différentes. Dans le premier cas, des Bourses organisées réunissent en un lieu unique (réel ou virtuel) acheteurs et vendeurs de titres. […] Dans le second cas, le marché secondaire n'est pas formellement organisé. On parle alors d'un marché de gré à gré. […] Une autre manière de distinguer les différents marchés s'appuie sur la maturité des titres qui y sont échangés[1]. Le marché monétaire est un marché financier sur lequel seuls les instruments à court terme sont échangés. Le marché des capitaux voit au contraire s'échanger les titres à plus long terme et les actions.

Frederic MISHKIN, *Monnaie, banque et marchés financiers*, Pearson Éducation, 2007.

1. Mishkin inverse les définitions habituelles des marchés financiers et des capitaux : il présente comme plus large la notion de marché financier et définit les marchés des capitaux comme ceux des marchés de long terme.

QUESTIONS

1. Lire. Qui peut émettre des obligations et des actions ? Quelle est la différence entre les deux ?

2. Expliquer. Quelle est la différence entre le marché primaire et le marché secondaire ? Sur lequel de ces deux marchés les entreprises se financent-elles ?

3. Définir. Qu'est-ce que la liquidité d'un actif ou d'un marché ?

4. Analyser. Pourquoi les marchés de gré à gré sont-ils plus difficiles à contrôler ?

Faire le bilan

Complétez le texte avec les mots et expressions suivants :

actions – financement externe – Bourse – obligations – système financier – intermédiaires financiers – s'autofinancer.

Le .... permet la rencontre entre épargnants et investisseurs. S'ils ne disposent pas de suffisamment d'épargne pour ...., les investisseurs doivent recourir au .... Celui-ci peut être obtenu sur les marchés financiers ou auprès d'...................., comme les banques. La .... est le marché financier le plus connu. Elle permet d'émettre des .... (titres de propriété sur l'entreprise) ou des .... (emprunts boursiers).

Faites la synthèse.

Justifiez l'existence du système financier.

DOSSIER 2

La globalisation du système financier

DOC 1 • Les « 3D » des années 1980

POUR COMMENCER

Si le marché, pour tous les acteurs, devient global, c'est sans doute pour de multiples raisons (baisse des coûts de transport, diffusion de l'information, transferts de technologie…). Cependant, le marché des capitaux y est pour beaucoup. On peut même parler, à son propos, d'une impulsion majeure à la globalisation. […]

À l'époque contemporaine, la finance s'est spectaculairement adaptée. […] Les marchés des capitaux […] ont pleinement bénéficié de la *révolution des 3D* : décloisonnement, déréglementation, désintermédiation […].

Décloisonnement : […] on va assister à la formation de tout un continuum d'opérations financières allant de court à long terme, des crédits en monnaie nationale à des crédits en devises […]. Derrière tout cela, il y a le fait que les cloisonnements antérieurs vont disparaître. […]

Déréglementation : celle-ci est intimement liée à la transformation précédente. Ce sont, verticalement, les suppressions de réglementations de tous ordres qui permettent aux différents compartiments du marché désormais de communiquer. […]

Désintermédiation : au lieu de se financer en passant par les banques, les entreprises vont progressivement trouver l'essentiel de leurs ressources sur les marchés financiers. À la voie traditionnelle (dépôts-crédits), les banques elles-mêmes substituent, de plus en plus, celle du placement de titres.

Henri BOURGUINAT, Jérôme TEÏLETCHE, Michel DUPUY, *Finance internationale*, coll. Hypercours, 1re éd., Dalloz, 2007.

QUESTIONS

1. **Définir.** À quoi correspond la globalisation financière ?
2. **Illustrer.** Quel(s) « 3D » est (sont) montré(s) par l'iconographie ? Et par l'ouverture du marché monétaire aux entreprises (voir dossier 1, document 4) ?
3. **Expliquer.** Du décloisonnement et de la déréglementation, lequel influence l'autre ?
4. **Lire.** Que signifie la phrase soulignée ?

DOC 2 • La montée de la finance de marché

Répartition du passif des sociétés non financières de 1978 à 2009 (en %)

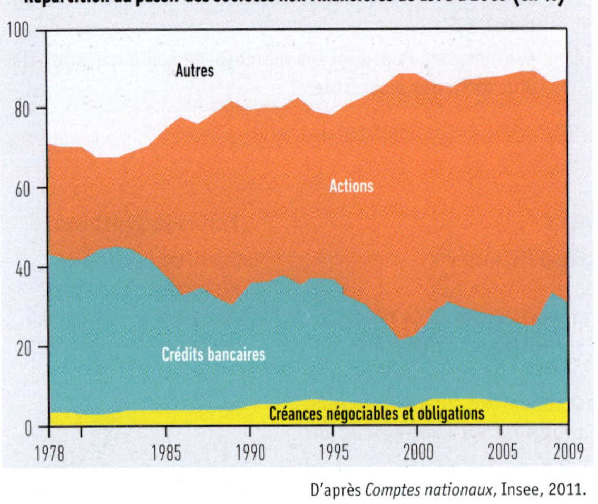

D'après *Comptes nationaux*, Insee, 2011.

Ne pas confondre

En comptabilité, l'**actif** d'une entreprise mesure ce qu'elle possède (immobilier, équipements, stocks…) et le **passif** indique comment l'actif a été financé : actions, dettes, etc. L'actif et le passif constituent le bilan de l'entreprise.

QUESTIONS

1. **Lire.** Quel financement n'est pas présent dans ce document (voir dossier 1, document 2) ?
2. **Lire.** Quelle part du financement des entreprises était constituée d'émission d'actions en 1978 et en 2009 ?
3. **Calculer.** Évaluez la variation en points et en pourcentage de la part du financement par actions ; faites le même calcul pour le financement bancaire.
4. **Analyser.** Lequel des « 3D » ce document illustre-t-il ?

DOC 3 • La déréglementation

Le premier aspect de la déréglementation financière concerne la libéralisation [...] des paiements [internationaux]. [...] Il faut se rappeler que le contrôle des changes existait en France jusqu'au début des années 1980. Le gouvernement décidait alors s'il fallait laisser passer les flux de capitaux internationaux ou les limiter, et à quel plafond.

Le second aspect de la déréglementation est lié à la libéralisation du secteur financier lui-même. [...] Au début des années 1980, l'économie française était extrêmement réglementée ; les banques ne choisissaient ni le taux auquel elles prêtaient, ni combien elles prêtaient.

Avant la déréglementation financière, il existait en France environ 200 prêts bonifiés[1]. [...] À cette époque, la moitié du système bancaire était nationalisée, l'autre moitié était sous tutelle de la banque centrale et du Trésor. [...] Chaque banque disposait de privilèges en termes de distribution de produits d'épargne et de prêts bonifiés. Par exemple, seul le Crédit agricole pouvait accorder des prêts bonifiés aux agriculteurs ; seul le Crédit local pouvait octroyer des prêts d'accession à la propriété. La loi bancaire [de 1984] [...] a autorisé les banques normales à exercer également les métiers des banques d'investissement[2]. [Elle a supprimé] certains monopoles [...], l'encadrement du crédit[3] et [...] une grande partie des prêts bonifiés. [...]

Concrètement, [...] le fait d'avoir rendu le secteur financier plus concurrentiel a eu pour effet de rendre le secteur non financier plus compétitif. [...] À ceci s'ajoute la désintermédiation du secteur financier, en d'autres termes le fait de pouvoir accéder aux marchés financiers sans passer par une banque. [...] Tout cela, conjugué à la dérégulation des flux de capitaux internationaux, a permis à la France de connaître une importante entrée d'investisseurs.

David THESMAR, « Retour sur la déréglementation », *Comprendre la finance contemporaine*, coll. Regards croisés sur l'économie, n° 3, La Découverte, 2008.

1. Prêts à taux réduit grâce à une aide de l'État.
2. Banque intervenant directement sur les marchés financiers, organisant des fusions-acquisitions entre entreprises, etc.
3. Mesure par laquelle l'État limitait le volume de crédits qu'une banque pouvait accorder.

QUESTIONS

1. **Lire.** Qu'est-ce que le contrôle des changes ?
2. **Expliquer.** En quoi l'économie française était-elle très réglementée jusqu'aux années 1980 ?
3. **Analyser.** Montrez que l'État fut l'un des principaux acteurs des « 3D ».
4. **Lire.** Que signifie la phrase soulignée ?

DOC 4 • Les échanges financiers se mondialisent

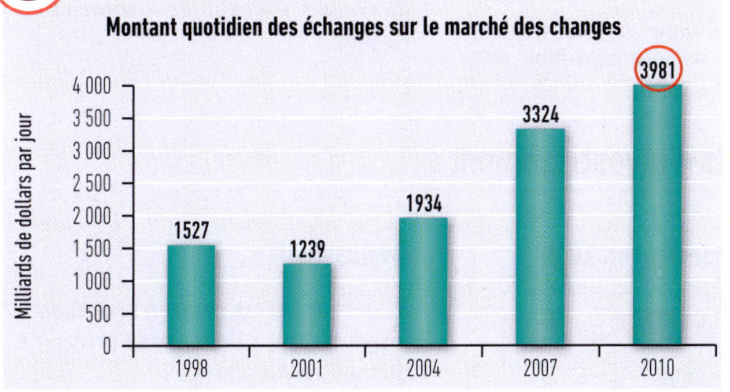

D'après BRI, 2011.

Notion

Marché des changes : également appelé Forex (contraction de l'anglais **Foreign exchange**), il est le marché sur lequel s'échangent les monnaies mondiales (appelées devises) : dollar, euro, yen, livre... C'est un marché « de gros » où interviennent essentiellement des banques et des institutions financières. Le développement des échanges internationaux (biens, revenus, capitaux...) accroît le volume des échanges sur ce marché.

QUESTIONS

1. **Lire.** Que signifie le nombre entouré ?
2. **Calculer.** Le commerce mondial de marchandises a représenté 15 238 milliards de dollars en 2010 ; combien cela représente-t-il de jours d'échanges sur le marché des devises ?
3. **Déduire.** Montrez que l'importance des échanges sur le marché des changes s'explique par des opérations financières.
4. **Analyser.** En quoi l'importance du marché des changes illustre-t-elle le mouvement de globalisation financière ?

Faire le bilan

Reliez, par des flèches, chaque notion à la définition correspondante.

- Décloisonnement
- Dérégulation
- Désintermédiation

- Le financement des agents se fait de plus en plus en passant par les marchés financiers.
- Les agents financiers sont moins spécialisés et peuvent intervenir dans plusieurs domaines.
- Les autorités monétaires et financières réduisent leur contrôle sur les activités financières.

Faites la synthèse.

Quels sont les différents aspects de la globalisation financière ?

DOSSIER 3 Les acteurs de la globalisation

DOC 1 • Les banques s'adaptent à la globalisation

POUR COMMENCER

Le métier [de banquier] a […] beaucoup changé depuis le début des années 1980. En deux temps. Dans un premier temps, pour relever le défi de la dérégulation et du développement des marchés financiers, les banques se sont mises à se diversifier. Dans la banque d'affaires, dans la gestion d'actifs, dans la bancassurance, dans la monétique, un peu dans le « private equity ». Elles ont même créé des métiers nouveaux, comme la logistique de paiement ou la gestion de leur propre bilan. Jusque-là, rien de bien grave. Au contraire, une diversification de leurs sources de revenus et, en même temps, de leurs risques.

Là où les choses vont se compliquer, c'est dans un deuxième temps, au milieu des années 1990. La diversification des risques n'a pas empêché quelques crises graves […] et a conduit […] les autorités de régulation à encourager les banques à « essaimer » leurs risques. Le moins que l'on puisse dire, c'est que les banques ont suivi le conseil à la lettre. […]

Les banques ont ainsi découvert un nouveau champ de développement, au nom bizarre, […] « l'origination-structuration-distribution » : […] je cherche des crédits de profils comparables (origination) ; je les « package » (structuration) et je les vends (distribution) à des épargnants, qui me font confiance sur le seul métier qui est, en principe, le mien, à savoir l'analyse du risque. Au passage, j'empoche de confortables commissions qui rémunèrent ma capacité à monter des opérations apparemment « win-win ». Très cher bonus (toujours), priez pour eux. […] La banque transforme son statut de preneur et diviseur de risques en simple « broker », en simple courtier de risques.

Olivier PASTRÉ, Jean-Marc SYLVESTRE,
Le Roman vrai de la crise financière, Perrin, 2008.

Ne pas confondre

La **banque de dépôt** collecte l'épargne de ses clients pour la prêter à d'autres clients. La **banque d'affaires** intervient auprès d'entreprises pour les conseiller, les aider à se financer, à acheter d'autres entreprises, etc. Elle intervient donc également sur les marchés financiers.

QUESTIONS

1. Lire. Quelles furent les formes de diversification des banques ?

2. Expliquer. Qu'est-ce que l'« origination-structuration-distribution » ?

3. Déduire. Quelles sont les conséquences du passage de « preneur de risques » à celui de « courtier de risques » ?

DOC 2 • Investisseurs institutionnels et fonds d'investissement

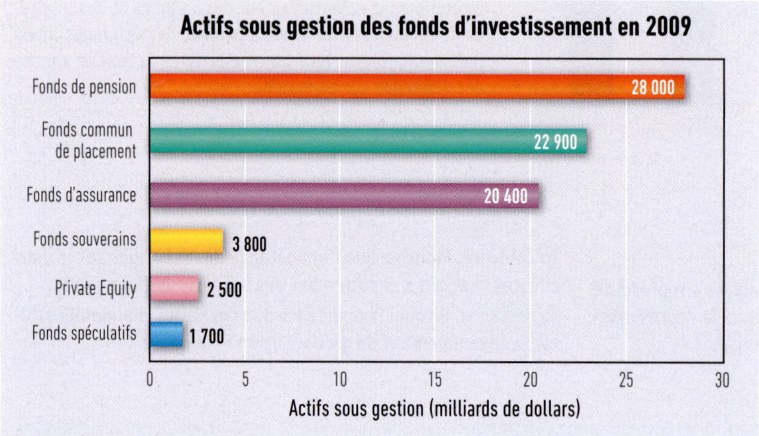

Lecture :

Investisseurs institutionnels : fonds qui collectent et gèrent l'épargne collective de différents agents, comme les sociétés d'assurance, les fonds de pension, les OPCVM, etc. La part des actions américaines détenues directement par les ménages est passée de 90 % en 1950 à 30 % en 2007.

OPCVM : organismes de placement collectif en valeurs mobilières, comme les sociétés d'investissement à capital variable (SICAV) et les Fonds communs de placement (FCP). Ils proposent des titres basés sur des portefeuilles de titres.

Fonds de pension : fonds chargés de financer les retraites.

Fonds souverains : fonds chargés de gérer l'épargne des États.

Private Equity : gestion de portefeuilles d'actions non cotées en Bourse.

Fonds spéculatifs (*hedge funds*) : fonds recherchant des rendements élevés avec des risques importants. Avec les *private equity*, ils sont moins contrôlés que les investisseurs institutionnels classiques.

D'après *Comprendre les marchés financiers*, La Documentation française, *Cahiers français*, n° 361, 2011.

QUESTIONS

1. Définir. Qu'est-ce qu'un investisseur institutionnel ? Un fonds de pension ? Un fonds souverain ?

2. Expliquer. Quelle est la différence entre les investisseurs institutionnels et les fonds spéculatifs ?

3. Analyser. Quel est l'avantage pour les épargnants de passer par un fonds de gestion collective ?

DOC 3 • Anciens et nouveaux marchés financiers

À côté des Bourses telles qu'Euronext[1], qui sont des marchés « organisés » et contrôlés par des autorités, se sont développés des marchés de gré à gré sur lesquels les transactions sont effectuées entre des opérateurs qui définissent directement entre eux les conditions de leur échange. Ces marchés sont totalement opaques et sont donc très différents des Bourses. Ils se sont considérablement développés depuis le début des années 2000 et sont présents dans différents segments de la finance. Ils captent désormais la plus grande partie des transactions sur valeurs mobilières. On les appelle les « *dark pools* », des marchés où les transactions sont réalisées « dans l'ombre », ce qui permet d'échapper à la surveillance des autorités publiques. Ces marchés très spéculatifs sont réservés aux gros investisseurs, notamment parce que les paquets d'actions échangés se chiffrent en millions, voire en milliards d'euros. Les *dark pools* constituent un véritable « trou noir » dans le système actuel de régulation des marchés boursiers. Les autorités publiques ont une part de responsabilité dans cette situation inquiétante : les *dark pools* se sont développés à la suite d'une directive européenne de 2007 (marchés d'instruments financiers, MIF) qui a cherché à casser le monopole des Bourses en favorisant ces formes « alternatives » d'échanges, incitant les acteurs financiers à créer leurs propres Bourses en dehors des marchés organisés.

Hector LOPIN, « Les marchés financiers et leurs acteurs », *Alternatives économiques*, hors-série, n° 87, janvier 2011.

1. Groupement de places boursières européennes qui a fusionné avec la Bourse de New York (NYSE) en 2006.

QUESTIONS

1. **Définir.** Quelle est la différence entre une Bourse et un marché de gré à gré ?
2. **Expliquer.** Pourquoi le développement des marchés de gré à gré constitue-t-il un « trou noir » de la finance ?
3. **Analyser.** En quoi la directive « MIF » a-t-elle favorisé leur développement ?

DOC 4 • Des paradis fiscaux accueillent la finance globalisée

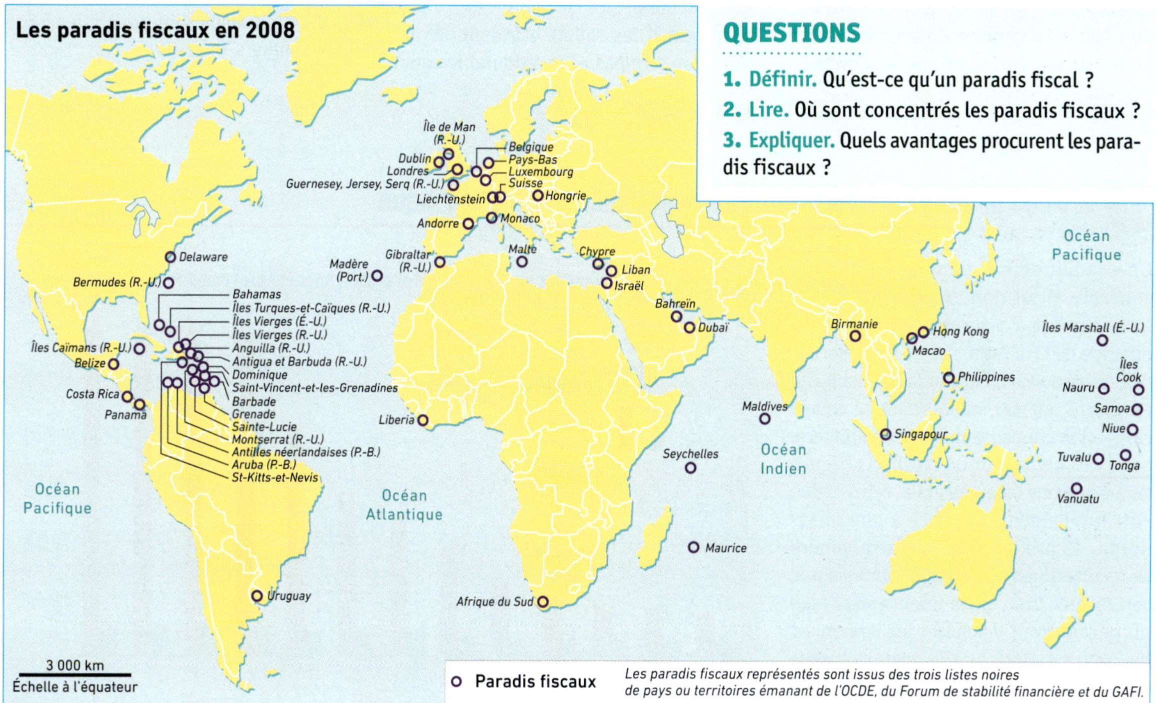

D'après *Atlas de la mondialisation*, Presses de Sciences Po, 2009.

QUESTIONS

1. **Définir.** Qu'est-ce qu'un paradis fiscal ?
2. **Lire.** Où sont concentrés les paradis fiscaux ?
3. **Expliquer.** Quels avantages procurent les paradis fiscaux ?

Faire le bilan

Faites, grâce aux documents, la liste de tous les acteurs de la globalisation financière et de leurs rôles respectifs (prenez exemple sur le modèle).

Acteur	Action
Banques	Diversification de leur activité

Faites la synthèse.

Peut-on dire que la globalisation financière est contrôlée par les États ?

DOSSIER 4 Les innovations financières au service de la globalisation

DOC 1 • Informatique et mathématiques financières

POUR COMMENCER

Les experts s'interrogent [sur] les « robots *traders* » [...] ? Ces machines qui passent des ordres de Bourse n'ont-elles pas mis les marchés hors de contrôle ? [...] Aujourd'hui, environ 70 % des volumes échangés en Bourse aux États-Unis, et plus de 50 % en Europe, sont l'œuvre de machines et non plus d'êtres humains. [...] Les mathématiciens issus des meilleures universités [...] programment les ordinateurs en intégrant des paramètres sur l'évolution de cours et de statistiques pour déclencher automatiquement l'achat ou la vente de titres.
Ces systèmes [...] permettent souvent de gagner – beaucoup – d'argent. Mais ils amplifient les tendances de marché. Pire, l'action d'un robot déclenche parfois celle d'un autre avec un risque d'emballement. Ainsi, une baisse de 15 % du titre Société générale peut se transformer en un plongeon de 23 %...
Plus troublant encore est le rôle du *trading* à haute fréquence (THF) ou « *flash-trading* ». Ces robots ultrarapides sont apparus au début des années 2000 sur les marchés américains et en Europe vers 2007. Aujourd'hui, le THF représenterait 40 % du marché européen, selon l'opérateur Euronext, et 56 % [de celui des] États-Unis.
Ces automates surpuissants exécutent des ordres en un battement de cils. À Paris, le régulateur a ainsi recensé plus de 700 ordres passés en une seconde, dont 200 d'un même acteur ! [...]
Reste que si les robots effraient, ils ne sont peut-être pas plus redoutables que certains *traders*. Une étude réalisée en Suisse a comparé l'attitude de 28 *traders* et 24 psychopathes lors d'un jeu informatique. Bilan : les as de la finance ont eu un comportement bien plus dangereux que les fous à lier...

Claire GATINOIS, « Les experts s'interrogent sur les robots *traders* », *Le Monde*, 5 octobre 2011.

QUESTIONS

1. **Définir.** Qu'est-ce qu'un « robot *trader* » ? Et le « *flash-trading* » ?
2. **Expliquer.** Comment ces automates peuvent-ils amplifier les tendances du marché ?
3. **Analyser.** Quels sont les avantages de ces programmes informatiques ? Et leurs dangers ?

DOC 2 • Les produits dérivés comme assurance contre le risque

Un produit dérivé, dans son acception générale, n'est donc ni plus ni moins qu'une police d'assurance portant sur le principe de la définition d'un prix à terme, fixe ou optionnel, et dont la particularité est d'être négocié sur un marché financier. [...] Prenons, pour s'en convaincre, le cas d'un producteur de blé. En l'absence de mécanisme compensateur, celui-ci doit structurellement faire face à une incertitude : le prix auquel il pourra vendre sa récolte. Il est également soumis à une contrainte : trouver les financements qui lui permettront d'acheter les semences, les engrais ainsi que le matériel agricole. En lui permettant de pré-vendre sa récolte, c'est-à-dire de connaître son niveau de revenu futur avant le début de la campagne agricole, les marchés de produits dérivés, en particulier celui des contrats à terme, offrent à ce producteur la capacité de déterminer si les niveaux de prix ainsi définis lui permettent de financer et de rémunérer son activité. [...] Les marchés de produits dérivés ont une fonction essentielle au sein de notre système économique : favoriser le transfert des risques [vers] des spéculateurs.

Yves JÉGOUREL, « Les produits dérivés, outils d'assurance ou instruments dangereux de spéculation », *Comprendre les marchés financiers*, La Documentation française, *Cahiers français*, n° 361, mars-avril 2011.

Montant des produits dérivés et produit intérieur brut mondial

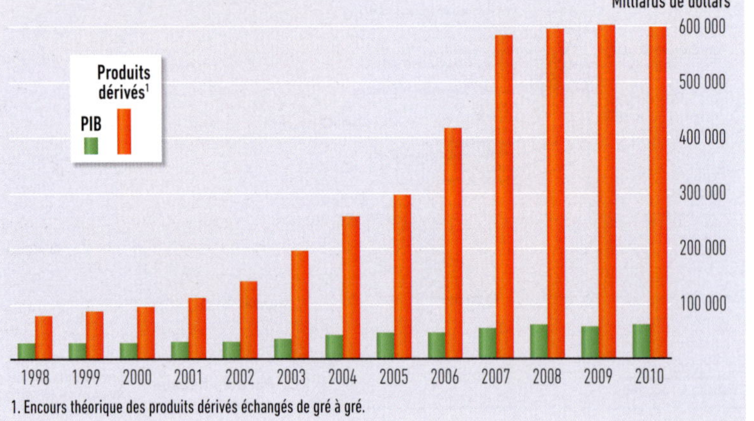

1. Encours théorique des produits dérivés échangés de gré à gré.

D'après FMI et BRI, 2010.

QUESTIONS

1. **Définir.** Qu'est-ce qu'un contrat à terme ?
2. **Expliquer.** Quels types d'agents interviennent sur les marchés de produits dérivés ? Quels sont leurs buts à chacun ?
3. **Calculer.** Indiquez, en pourcentage, le rapport produits dérivés / PIB en 1998 et en 2010.

DOC 3 • La mutualisation comme moyen de diluer le risque : l'exemple des OPCVM

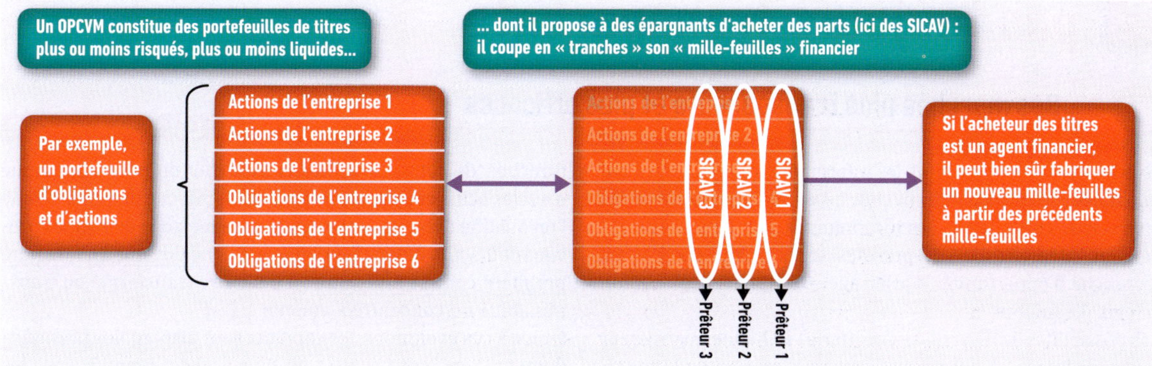

Source : Bordas, 2012.

Le saviez-vous ?

Un **OPCVM** est un organisme de placement collectif en valeur mobilière. Les deux principaux types sont les **sociétés d'investissement à capital variable (SICAV)** et les **Fonds commun de placement (FCP)**. Selon la composition du portefeuille, on distingue les OPCVM monétaires (titres à très court terme), en obligations, en actions, diversifiés, éthiques, etc.

QUESTIONS

1. Expliquer. Comment fonctionne un OPCVM ?

2. Illustrer. Trouvez des exemples de SICAV ou de FCP proposés par des OPCVM (en consultant des sites Internet de grandes banques).

3. Analyser. Quels sont les avantages pour les épargnants d'acheter des titres d'OPCVM plutôt que des titres directement sur les marchés financiers ?

DOC 4 • La titrisation comme moyen de transférer le risque

La titrisation offre à une banque la possibilité de ne financer que transitoirement un prêt et de se débarrasser de tous les risques [...]. Il lui suffit de vendre les prêts qu'elle a accordés à une entité qui finance leur acquisition par une émission de titres [...].
En pratique, les prêts sont acquis par un « confectionneur » (souvent une banque d'investissement). Celui-ci regroupe des « paquets » de prêts d'un type donné (créances hypothécaires, crédits à la consommation, prêts aux entreprises...) en cherchant à diversifier leurs origines pour réduire le risque de l'ensemble. Il cantonne ces prêts à l'actif d'une entité juridique créée pour l'occasion – on parle de « véhicule financier » – dont ils deviennent la propriété. Le véhicule émet ensuite des titres adossés à cet ensemble de prêts. [...] Une fois l'opération réalisée, le financement des prêts aura été assuré par les investisseurs qui ont acquis ces titres. Pour les banques, l'intérêt est clair : en vendant les prêts distribués un peu plus cher que ce qu'ils ont coûté, elles réalisent un profit certain et laissent à d'autres le souci de les financer et d'en porter les risques... et l'espoir d'en tirer bénéfice ! [...]
La titrisation et les produits dérivés ont, en moins de deux décennies, [...] permis la mise en place d'un véritable « système bancaire alternatif ». Les prêts accordés par les banques peuvent désormais être financés par une épargne qui n'est plus celle collectée par les seules institutions de dépôt et les risques de ces prêts peuvent être portés par des « preneurs de risque » qui ne collectent aucune épargne [...] [et qui] à la différence des institutions de dépôt n'étaient pas ou peu régulés.

Anton BRENDER, Florence PISANI, *La Crise de la finance globalisée*, La Découverte, coll. Repères, 2009.

QUESTIONS

1. Lire. Quel est l'intérêt de la titrisation pour une banque ?

2. Expliquer. Comment fonctionne la titrisation ?

3. Analyser. Montrez que la titrisation peut favoriser la prise de risque par les banques.

Faire le bilan

Reliez, par des flèches, chaque innovation financière à sa définition :

Titrisation •	• Mutualisation des risques grâce à la gestion collective d'un portefeuille de titres
OPCVM •	• Automatisation des ordres pour bénéficier de possibilités d'arbitrage
Produit dérivé •	• Assurance contre un risque futur
Robot *trader* •	• Transfert du risque à un autre acteur financier

Faites la synthèse.

Les innovations financières présentées ici réduisent-elles ou accroissent-elles les risques financiers ?

DOSSIER 5

Une globalisation financière pas toujours transparente

DOC 1 • Des marchés plus transparents et plus efficaces

POUR COMMENCER

[Sur les marchés financiers], les informations sont aujourd'hui transmises sans délai et à un coût quasi nul à l'ensemble des intervenants de marché. Les informations sont donc très rapidement intégrées dans le prix des actifs financiers. [...] La recherche d'opportunités d'arbitrage contribue à la formation de prix d'équilibre.

Les possibilités de diversification offertes à chaque investisseur sont plus larges, ce qui permet une amélioration de la rentabilité dont bénéficie un investisseur pour un niveau de risque donné [...]. Les institutions financières peuvent gérer [...] les risques [...] à l'aide des produits dérivés [...], il est aujourd'hui possible de se protéger sur les marchés contre un risque climatique, un risque de catastrophe naturelle ou plus prosaïquement un risque de crédit. Ainsi, de nouveaux mécanismes et de nouveaux marchés permettent le transfert des risques [...]. Grâce à des techniques sophistiquées d'ingénierie financière, il est possible de fractionner le risque d'un actif en différentes tranches, de combiner celles-ci avec tout ou partie du risque d'autres actifs et enfin de vendre sur le marché un produit (que l'on qualifie de structuré) contenant ce mélange de risques provenant d'actifs divers. Le risque est donc devenu une matière première comme une autre : il peut être transformé ou transmis, dilué ou concentré à volonté... [...]

Grâce à ces évolutions, les capitaux sont disponibles plus rapidement, à moindre coût et en plus grande quantité pour les agents à besoin de financement. [...]

Si la globalisation financière a permis une évolution des systèmes financiers et fait apparaître des gains d'efficience, elle a également permis ou amplifié certains déséquilibres financiers et économiques mondiaux.

Jérémy CHARBONNEAU, Nicolas COUDERC, « Globalisation et (in)stabilité financière », in *Comprendre la finance contemporaine*, La Découverte, coll. Regards croisés sur l'économie, n° 3, 2008.

Le saviez-vous ?

L'**arbitrage financier** consiste à acheter un actif financier (or, monnaie, valeurs mobilières, etc.) sur une place financière pour le revendre sur une autre en profitant d'un écart de cours afin de faire un profit. Mais une telle pratique conduit à une égalisation des prix sur les différents marchés.

QUESTIONS

1. **Lire.** Repérez tous les avantages d'une finance globalisée.
2. **Expliquer.** Qu'est-ce que l'arbitrage ? Montrez qu'il participe au bon fonctionnement des marchés financiers.
3. **Lire.** Que signifie la phrase soulignée ?

DOC 2 • Une information déséquilibrée

Le patron fondateur du fonds d'investissement Galleon, Raj Rajaratnam, reconnu coupable de délits d'initié, qui lui ont rapporté près de 72 millions de dollars, a été condamné à onze ans de prison, l'une des plus lourdes condamnations jamais infligées aux États-Unis dans une telle affaire. Selon le *Wall Street Journal*, depuis vingt ans aucun délit d'initié n'avait donné lieu à plus de dix ans de prison aux États-Unis. Les procureurs avaient demandé un minimum de dix-neuf ans et demi et un maximum de vingt-quatre ans et demi de prison pour Raj Rajaratnam. [...] Le juge Holwell a expliqué qu'il n'avait pas suivi les recommandations du procureur, notamment à cause de l'action philanthropique du milliardaire. En outre, a-t-il souligné, « *les délits d'initiés sont insidieux, mais représentent un danger différent de celui des fraudes à la Enron ou des chaînes de Ponzi à la Madoff* ».

Il a été reconnu coupable d'avoir piloté des transactions illégales, sur la base de fuites d'informations confidentielles sur des sociétés cotées, un stratagème qui a rapporté « environ 45 millions de dollars » entre 2003 et 2009, sans compter des dizaines de millions de dollars supplémentaires en pertes évitées. [...]

Dans ce dossier tentaculaire qui implique plusieurs des grands noms de la finance et des affaires américaines, une vingtaine d'accusés avaient choisi de plaider coupable.

« Le patron fondateur du fonds d'investissement Galleon », lemonde.fr, 13 octobre 2011.

Le saviez-vous ?

Une personne qui utilise des données confidentielles pour en tirer un profit boursier commet un **délit d'initié**. **Enron** était une grande entreprise d'électricité américaine dont les dirigeants avaient caché jusqu'à la dernière minute la situation financière dégradée ; elle a fait faillite en 2001. L'affaire **Madoff**, quant à elle, est une gigantesque escroquerie financière de 65 milliards de dollars, dite « chaîne de Ponzi », où les primes des clients étaient prélevées sur le capital apporté par les nouveaux clients ; Bernard Madoff a été condamné en 2009 à 150 années de prison.

QUESTIONS

1. **Lire.** En quoi consistait le délit d'initié du fonds Galleon ?
2. **Expliquer.** Pourquoi le juge considère-t-il que les délits d'initiés sont moins graves que les « chaînes de Ponzi » ?
3. **Analyser.** En quoi ces exemples contredisent-ils la thèse de la transparence des marchés financiers ?

DOC 3 • Information imparfaite et anticipations sur les marchés financiers

La plupart [des spéculateurs] […] se préoccupent non de la valeur réelle d'un investissement pour un homme qui l'acquiert afin de le mettre en portefeuille, mais de la valeur que, sous l'influence de la psychologie collective, le marché lui attribuera trois mois ou un an plus tard. […]
Pour le spécialiste du placement, c'est donc une obligation impérieuse de s'attacher à anticiper les changements prochains dans l'ambiance et les informations, l'expérience ayant appris que les changements de cet ordre étaient ceux qui exerçaient sur la psychologie collective du marché l'influence la plus profonde. Telle est la conséquence inévitable de l'existence de marchés financiers. […]
La technique du placement peut être comparée à ces concours organisés par les journaux où les participants ont à choisir les six plus jolis visages parmi une centaine de photographies, le prix étant attribué à celui dont les préférences s'approchent le plus de la sélection moyenne opérée par l'ensemble des concurrents. […] Il ne s'agit pas pour chacun de choisir les visages qui, autant qu'il peut en juger, sont réellement les plus jolis ni même ceux que l'opinion moyenne considérera réellement comme tels. Au troisième degré où nous sommes déjà rendus, on emploie ses facultés à découvrir l'idée que l'opinion moyenne se fera à l'avance de son propre jugement. Et il y a des personnes, croyons-nous, qui vont jusqu'au quatrième ou au cinquième degré, ou plus loin encore.

John Maynard KEYNES, *Théorie générale de l'emploi, de l'intérêt et de la monnaie*, J. de Largentaye (trad.), Payot, 1969, Payot & Rivages, 2005.

QUESTIONS

1. **Analyser.** Pourquoi le fait d'anticiper les cours de la Bourse est-il pour le spécialiste du placement « une obligation impérieuse » ?
2. **Expliquer.** Sur quoi le spécialiste du placement base-t-il ses anticipations selon Keynes ?
3. **Déduire.** Montrez que le comportement des spéculateurs est la conséquence de l'imperfection de l'information sur les marchés financiers.

La démarche de l'économiste

Il est traditionnel de distinguer l'approche **microéconomique**, basée sur l'individu, et l'approche **macroéconomique**, qui part d'agrégats globaux (comme le PIB ou l'investissement). En réalité, les deux approches sont liées. Dans *Théorie générale de l'emploi, de l'intérêt et de la monnaie*, Keynes cherche ainsi les fondements microéconomiques de phénomènes macroéconomiques, comme la consommation globale ou les cours de la Bourse.

DOC 4 • Les agences de notation : quand la note du professeur est payée par l'élève

Les agences de notation comme Moody's, Standard and Poor's et Fitch, pour ne retenir que les plus importantes, ont pour mission principale de délivrer des informations sur le risque de défaut de paiement des entreprises ou des gouvernements, en notant la qualité des titres qu'ils émettent.
L'échelle des notations est restreinte : de AAA pour les titres de très bonne qualité (puis AA, A, BBB, etc.), à C, voire D pour les titres comportant des risques très élevés de défaut. Parce que la prime de risque est plus élevée, ces titres présentent toujours des taux d'intérêt plus élevés que les premiers. Ces taux d'intérêt permettent donc de discriminer les bons titres […] et les mauvais […].
En produisant une information facile à interpréter par les investisseurs en fonction du type de risque qu'ils désirent prendre, les agences de notation assurent une meilleure allocation des capitaux, diminuent les coûts pour les prêteurs et les emprunteurs, et augmentent l'efficience du marché. […]
À la différence d'une émission standard de titres, le crédit structuré consiste à découper des titres selon différentes caractéristiques qualitatives pour les regrouper en « tranches » plus homogènes. Les agences de notation déterminent alors le taux d'intérêt associé à une tranche spécifique. […] La structuration du crédit confère donc un double rôle de conseil et de sanction aux agences de notation, qui ouvre la voie à des collusions d'intérêts avec les banques d'affaires. En effet, les commissions tirées de cette activité sont devenues la première source de revenu des agences.
Cette collusion a permis à des crédits titrisés d'obtenir la meilleure note, AAA, alors même qu'ils présentaient des risques de défaut notables au regard de la faiblesse prévisible du marché immobilier américain.

Thomas BRAND, « Le rôle des agences de notation », in *Comprendre la finance contemporaine*, La Découverte, coll. Regards croisés sur l'économie, n° 3, 2008.

QUESTIONS

1. **Lire.** À quoi servent les agences de notation ?
2. **Expliquer.** Pourquoi une mauvaise note fait-elle augmenter le taux d'intérêt que doit payer un emprunteur ?
3. **Analyser.** Pourquoi la titrisation et les crédits structurés ont-ils augmenté l'importance de ces agences ?
4. **Lire.** Que signifie la phrase soulignée ?

Faire le bilan

Complétez le tableau pour montrer l'ambiguïté de la globalisation financière.

	Avantage	Danger / Inconvénient
Globalisation financière		
Agences de notation		

Faites la synthèse.

La globalisation financière est-elle source de transparence ou d'opacité des marchés financiers ?

L'ESSENTIEL

Qu'est-ce que la globalisation financière ?

DOSSIER 1 L'importance du système financier

- L'activité financière est essentielle dans une économie. Elle permet aux agents qui ont un besoin de financement pour leurs investissements de rencontrer l'épargne des agents à capacité de financement. Le système financier permet cette rencontre ; il permet également de transférer les risques (comme le **risque de crédit**) liés à l'activité financière ou de les réduire en les mutualisant (sur le principe de l'assurance). En collectant l'épargne de nombreux agents, le système financier permet également de financer des projets qu'un agent ne pourrait financer seul.
- Il existe deux grands modes de financement : le **financement indirect** par **intermédiation** grâce à des banques et des intermédiaires financiers (collectant l'épargne et la reprêtant moyennant un **taux d'intérêt**) d'une part et le **financement direct** par des marchés financiers (ou **marché des capitaux**) d'autre part. La Bourse est le plus connu des marchés financiers.

DOSSIER 2 La globalisation du système financier

- Depuis les années 1980, on observe une transformation importante du système financier caractérisée par les « 3D » : **déréglementation** (les contraintes et règles financières sont assouplies), **décloisonnement** (les agents financiers peuvent offrir différents types de produits et de services financiers) et **désintermédiation** (le financement par les marchés progresse au détriment du financement par emprunt auprès d'intermédiaires financiers).
- Le décloisonnement est également géographique. Les marchés et les agents financiers se mondialisent. Un vaste marché mondial des capitaux se met en place, caractérisé par une grande mobilité entre les différentes places et entre les différents agents : on parle de **globalisation financière**. Celle-ci se caractérise par un fort développement des mouvements internationaux de capitaux et de changes ; en effet, qui dit opération financière internationale dit transformation d'une **devise** (par exemple le dollar) en une autre devise (par exemple l'euro) sur le **marché des changes**. C'est près de 4 000 milliards de dollars qui s'échangent sur le marché des changes chaque jour.

DOSSIER 3 Les acteurs de la globalisation

- Les acteurs traditionnels de la finance, comme les banques, ont contribué à la globalisation en se diversifiant. L'extension des marchés financiers a également favorisé l'émergence de nouveaux acteurs et le développement d'anciens. En effet, la globalisation financière s'est largement appuyée sur des gestionnaires qui placent sur les marchés l'épargne de leurs membres. C'est le cas des **investisseurs institutionnels** (fonds de pension, sociétés d'investissement…) mais aussi des fonds spéculatifs.
- Les marchés eux-mêmes se sont transformés : à côté des marchés traditionnels, encadrés et réglementés, comme les Bourses de valeurs, des marchés de gré à gré se sont développés, où acheteurs et vendeurs se rencontrent librement et sans contrôle extérieur. Enfin, les paradis fiscaux profitent de l'internationalisation financière en accueillant des fonds qui bénéficient d'une réglementation et d'une fiscalité minimales.

Acquis de Première

Financement direct : situation où les agents à capacité et à besoin de financement se rencontrent directement sur un marché.

Financement indirect (ou intermédié) : financement passant par un intermédiaire financier.

Risque de crédit : risque qu'un emprunteur ne s'acquitte pas intégralement d'une obligation à la date d'échéance ou ultérieurement.

Taux d'intérêt : rémunération du capital prêté / emprunté. Il mesure le coût du crédit.

Notions du programme

Actif financier : un actif est un élément du patrimoine d'un agent. Un actif financier est un titre représentant ce patrimoine (comme une action).

Devise : monnaie nationale, comme l'euro, le dollar ou le yen. Les devises peuvent s'échanger sur le marché des changes.

Globalisation financière : constitution d'un vaste système financier mondial décloisonné où les capitaux sont libres de circuler sans entraves.

Intermédiation financière : système financier dans lequel l'épargne des ménages est collectée par des intermédiaires financiers qui la prêtent aux investisseurs.

Notions complémentaires

Décloisonnement : suppression des barrières entre les différents compartiments, produits et métiers de la finance. Le décloisonnement peut être géographique (mobilité internationale des capitaux) ou fonctionnel (rapprochement entre activités bancaires, financières et d'assurance par exemple).

Déréglementation : diminution des contraintes et règles encadrant l'activité des agents économiques, notamment financiers.

DOSSIER 4 Les innovations financières au service de la globalisation

- De nombreuses innovations financières ont, depuis les années 1970, favorisé la globalisation financière. Il s'agit notamment de l'informatique qui permet de réaliser presque instantanément des opérations financières. Ou encore des produits dérivés. Ceux-ci permettent de s'assurer contre le risque lié à un contrat (risque de non-remboursement, de variation du taux d'intérêt ou du taux de change, etc.) en passant un deuxième contrat (d'où le terme « dérivé ») par lequel un autre agent accepte de supporter ce risque. Les produits dérivés s'échangent donc sur des marchés financiers spécifiques, de gré à gré pour la plupart.
- D'autres innovations ont permis de réduire les risques en les mutualisant (exemple des OPCVM) ou même de transférer le risque à un autre agent. On parle alors de titrisation. Toutes ces innovations contribuent à accroître les **actifs financiers** disponibles pour les investisseurs ou les spéculateurs.

DOSSIER 5 Une globalisation financière pas toujours transparente

- La globalisation financière est paradoxale : en créant de vastes marchés interconnectés et des produits d'assurance, elle permet de sécuriser les opérations financières et d'améliorer l'information des agents et le fonctionnement de ces marchés.
- Mais, en réalité, tous les agents ne disposent pas de la même information. Ils doivent anticiper les cours futurs et, pour ce faire, ne disposent que d'une information imparfaite. Certes, les marchés peuvent s'appuyer sur l'évaluation des agences de notation, mais comme celles-ci sont rémunérées par les agents qu'elles contrôlent, la sincérité de leur évaluation semble discutable.

Désintermédiation : situation où le financement des agents économiques passe de moins en moins par le crédit bancaire et de plus en plus par le recours aux marchés des capitaux.

Investisseurs institutionnels (ou « zinzins ») : fonds de gestion collective de l'épargne de leurs apporteurs de capitaux. Ils regroupent des banques, sociétés d'assurance, organismes de placement collectif en valeurs mobilières (OPCVM), fonds de pension, fonds souverains, etc.

Marché des capitaux : marché où se rencontrent agents à besoin de financement et agents à capacité de financement. Il comprend différents marchés : marché financier et marché monétaire.

Marché des changes : marché sur lequel s'échangent les différentes monnaies mondiales (appelées devises) : dollar, euro, yen, livre, etc. C'est un marché « de gros » où interviennent essentiellement des banques et des institutions financières.

SCHÉMA BILAN

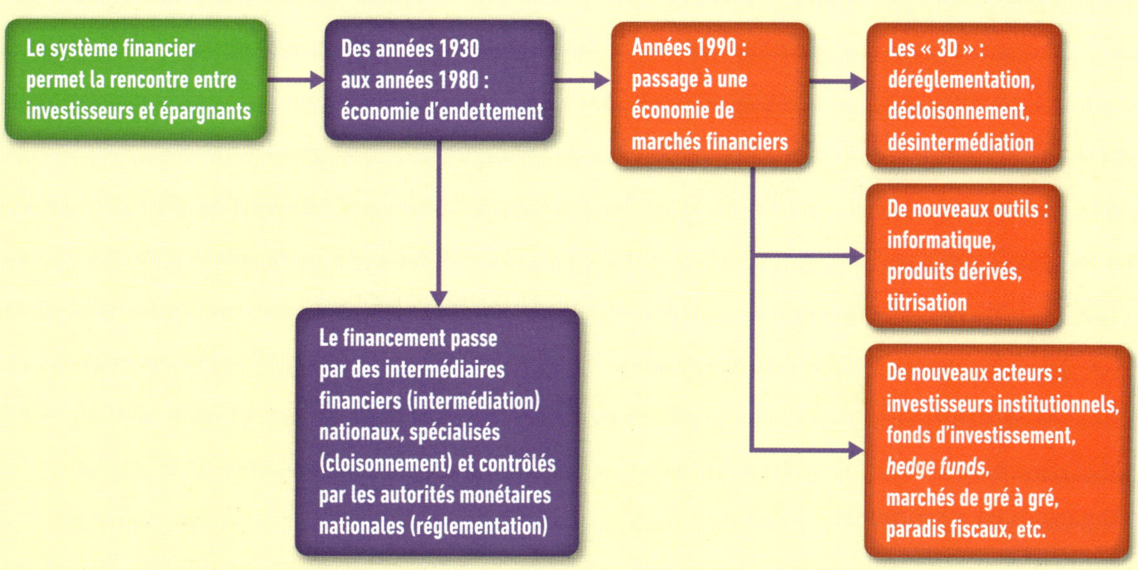

Exercices pour réviser

EXERCICE 1

Choisissez la (ou les) bonne(s) réponse(s).

1. En France, ces agents ont habituellement un besoin de financement :
   a. l'État
   b. les entreprises non financières
   c. les ménages

2. Quelles sont les fonctions d'un système financier ?
   a. transférer de la richesse dans le temps
   b. réduire les risques en les transférant ou en les mutualisant
   c. permettre la rencontre entre l'épargne et l'investissement

3. Une entreprise qui émet une obligation réalise :
   a. un emprunt
   b. un financement externe
   c. un autofinancement

4. Lequel n'est pas un des « 3D » ?
   a. déréglementation
   b. désintermédiation
   c. dénationalisation

5. Un investisseur institutionnel est :
   a. un fonds de gestion d'épargne
   b. un établissement public
   c. un investisseur à besoin de financement

EXERCICE 2

Répondez par vrai ou faux aux propositions suivantes, puis justifiez votre réponse.

1. Globalement, les nations ont un besoin de financement.
2. La désintermédiation a réduit la place des banques dans le système financier.
3. La titrisation réduit les risques sur les marchés financiers.
4. Les investisseurs institutionnels sécurisent les marchés financiers.
5. La globalisation financière améliore la transparence du système financier.

EXERCICE 3

Reliez chaque notion à sa définition puis illustrez par un exemple.

Notion	Définition	Exemple
Déréglementation	Financement par les marchés financiers	
Délit d'initié	Organisme émettant des titres à partir de portefeuilles de titres	
OPCVM	Contrat à terme permettant de s'assurer contre un risque financier	
Financement indirect	Territoire à faible fiscalité et favorisant le secret bancaire	
Produit dérivé	Utilisation frauduleuse d'informations boursières confidentielles	
Paradis fiscal	Suppression des obstacles à la mobilité des capitaux	

EXERCICE 4

Organisez un « concours de beauté ».

Illustrez le principe du « concours de beauté » de Keynes (voir document 3, dossier 5) en essayant de deviner le chanteur préféré par la moyenne de vos camarades de classe. Est-ce votre chanteur préféré ? Est-ce le meilleur chanteur ?

VERS LE BAC

Sujet 1 pour s'entraîner

SUJET Quel rôle jouent les banques dans la globalisation financière ?

DOCUMENT 1

L'Europe au bord du *credit crunch*

Flux mensuels de crédits accordés par les institutions financières aux ménages et aux entreprises dans la zone euro (moyenne trimestrielle glissante), en milliards d'euros

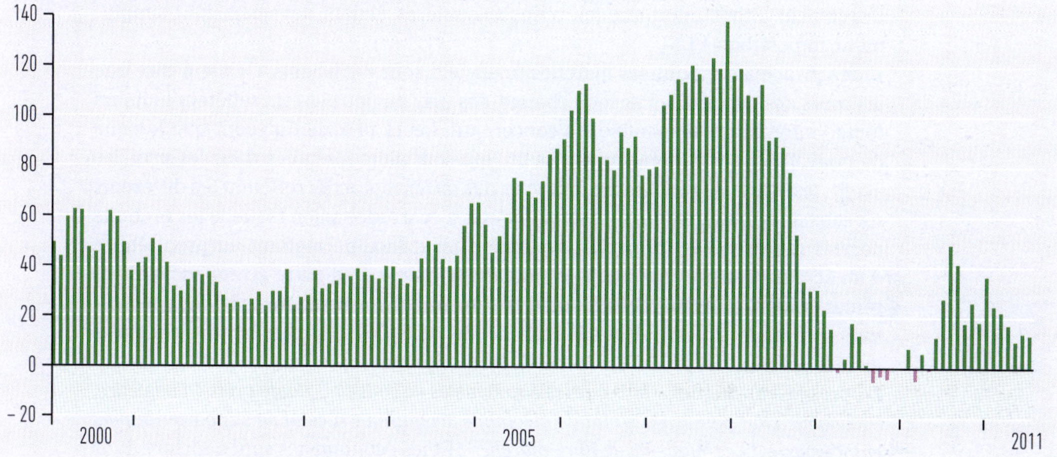

Sources : BCE et d'après *Alternatives économiques*, hors-série, n° 90, 2011.

DOCUMENT 2

Comportement moutonnier et concurrence exacerbée : tous les ingrédients sont là pour que les banques baissent leur garde en matière de contrôle des risques. Tout paraît alors bon à prendre. Du côté des emprunteurs, oubliés les bons vieux préceptes de prudence : en 2006, la moitié des crédits accordés aux particuliers américains l'ont été sans vérification des revenus des emprunteurs. Du côté de l'épargnant, tout est bon à prendre aussi. On oublie de faire la distinction entre les investisseurs « avisés » et ceux qui ne le sont pas. [...] Mais il arrive un moment où la fin de la récré est sifflée. Brutalement. [...] Le comportement grégaire joue, en effet, dans les deux sens. Après le flux, le reflux. C'est le « moment de Minsky » : après avoir fait preuve d'une confiance aveugle, les banques s'auto-entretiennent dans une défiance tout aussi aveugle. Au point qu'elles ne se font même plus confiance entre elles. [...]
Alors qu'elles n'ont jamais été aussi réglementées, les banques sont parvenues à se comporter comme si elles étaient à l'abri des lois et du bon sens. Par ailleurs, alors qu'elles ont permis de financer l'exceptionnelle croissance mondiale des dix dernières années, elles sont en train de bloquer celle-ci pour de nombreuses années. Deux paradoxes à dénouer. Mais aussi deux défis à relever.

Olivier PASTRÉ, Jean-Marc SYLVESTRE,
Le Roman vrai de la crise financière, Perrin, 2008.

Point méthode

- Attention au singulier de « Quel rôle ». Le sujet ne demande pas un catalogue de fonctions des banques.
- Montrez que les banques participent activement à la globalisation financière.
- Illustrez l'ambiguïté des banques dans la finance mondiale : normalement moins spéculatives que les marchés, elles ont amplifié celle-ci.

VERS LE BAC

Sujet 2 pour s'entraîner

SUJET Les marchés financiers sont-ils efficients ?

DOCUMENT

La « science » économique dominante a fourni le cadre intellectuel permettant de justifier la supposée innocuité des innovations financières risquées, le besoin de déréglementer la finance et la nécessité de laisser les marchés financiers libres d'agir. L'argument ultime étant que les crises financières étaient devenues, tout simplement, impossibles ! [...]

L'idée principale est que les marchés financiers sont « efficients », c'est-à-dire que les cours des actions, des taux de change, des prix du pétrole, etc., reflètent toujours toute l'information disponible les concernant. Leurs prix ne fluctuent que lorsque de nouvelles informations apparaissent, qui sont alors intégrées dans les prix des actifs ; les écarts de rendement financier des différents actifs reflètent les différents niveaux de risque attachés à chacun. Ajoutez à cela l'idée selon laquelle les produits dérivés représentent un parfait système d'assurance permettant au propriétaire d'un actif de transférer quand il le souhaite le risque à un autre acteur, moyennant rémunération, et les marchés financiers deviennent des lieux où les bulles spéculatives sont impossibles, puisque le marché identifie à coup sûr les risques encourus en leur donnant un prix. Le marché s'autodiscipline. [...]

D'après Joseph Stiglitz, « *plus que les économistes ne sont sans doute prêts à l'admettre, l'économie était passée du statut de discipline scientifique à celui de supporter le plus enthousiaste du capitalisme de libre marché* ». Et les économistes sont à inclure dans la longue liste de ceux qui sont à blâmer pour la crise. [...]

[Néanmoins], le dérapage des *subprimes* avait été prévu par beaucoup. Certains financiers, avocats, associations de consommateurs, l'hebdomadaire *The Economist*, des agents du FBI, des contrôleurs des risques et même quelques économistes avaient alerté sur une crise possible.

Pourquoi ceux qui gardent l'esprit clair ne sont-ils jamais écoutés en période d'euphorie financière ? D'après l'économiste français André Orléan, ces moments s'accompagnent toujours d'un « aveuglement au désastre ». [...] Personne ne connaissant le futur, il est impossible de déterminer un prix « objectif » d'une action, d'une devise, etc. Vous avez beau utiliser les techniques statistiques les plus sophistiquées, vous restez dans le domaine de l'incertitude. Les estimations de ce que devrait être le prix de tel ou tel actif incluent donc toujours une part de jugements, d'opinions, de croyances.

Christian CHAVAGNEUX, *Une brève histoire des crises financières*, La Découverte, 2011.

Point méthode

- Commencez par définir clairement ce qu'est l'efficience, le mot-clé du sujet.
- Repérez les arguments pour et contre l'efficience.
- Pour aller au-delà, montrez comment les économistes peuvent favoriser l'optimisme des marchés et, donc, jouer un rôle actif dans la finance.

Comment expliquer les crises financières et réguler le système financier ?

Chapitre 6

DOSSIERS

1 La finance globalisée augmente les risques
2 Les coûts de la volatilité : l'exemple des matières premières
3 Une crise systémique : la crise de 2007-2008
4 Les crises financières et leur traitement
5 Comment éviter les crises financières ?

Notions du programme
- Aléa moral
- Comportement mimétique
- Régulation
- Risque systémique

L'expertise économique est-elle fiable ?

DOSSIER 1

La finance globalisée augmente les risques

DOC 1 • La globalisation accroît le risque de crise bancaire

POUR COMMENCER

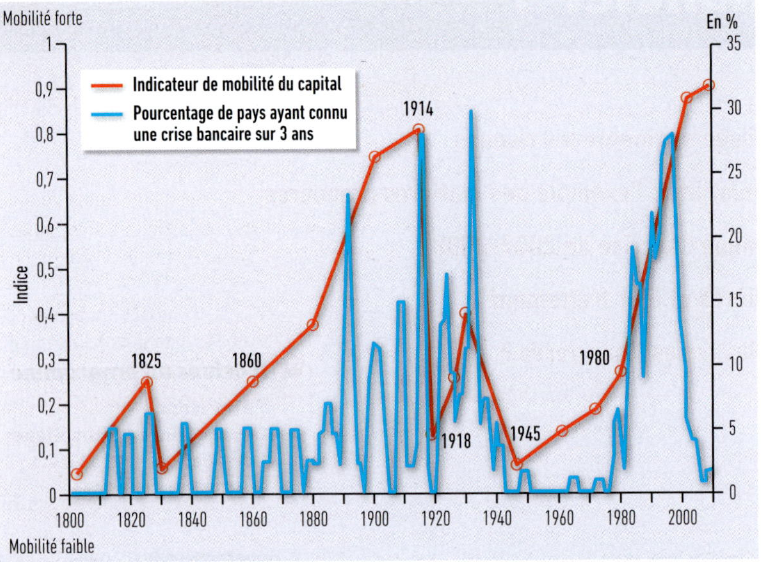

D'après Carmen M. REINHART, Kenneth S. ROGOFF, « This Time is Different: a Panoramic View of Eight centuries of Financial Crises », *NBER Working Paper*, n° 13882, 2008.

QUESTIONS

1. Lire. Expliquez la signification des nombres obtenus pour l'année 1914.

2. Lire. Quelles sont les périodes durant lesquelles la mobilité internationale des capitaux fut la plus forte ?

3. Analyser. Existe-t-il une corrélation entre mobilité du capital et importance des crises bancaires ?

DOC 2 • La spéculation : équilibrante ou déséquilibrante ?

[Sur les marchés financiers], loin de prendre leurs décisions isolément, les investisseurs se copient entre eux. Pour cette raison, ils sont très sensibles à ce que font les autres. [...] On peut copier les autres pour des raisons fort diverses. [...] [Dans le cas du] « mimétisme informationnel » [...], chacun étant constamment à la recherche d'informations inédites épie l'autre : l'individu X voyant l'individu Y vendre le titre S peut être conduit à interpréter cet acte comme révélateur d'une information cachée sur les difficultés de la firme S. En conséquence, il est rationnel pour lui de vendre à son tour. [...]
[Pour ce qui est du] mimétisme autoréférentiel, [...] le mot d'ordre n'est plus à copier ceux qui ont une expertise solide, mais à copier l'opinion majoritaire. [...]
Le témoignage suivant d'un *trader* sur le marché de l'euro est [...] illustratif : « *L'opérateur que je suis a beau croire à une appréciation de l'euro, il ne fait pas le poids lorsqu'il constate qu'un peu partout les positions des autres intervenants sur le marché des changes sont à la vente de l'euro. Du coup, même si j'estime que l'euro mérite d'être plus cher par rapport au dollar, j'hésite toujours à acheter la devise européenne. En effet, si je suis le seul acheteur d'euros face à cinquante intervenants vendeurs, je suis sûr d'y laisser des plumes*[1] » [...]. Tant que l'opinion majoritaire est clairement optimiste, le processus se poursuit avec vigueur. La situation change quand chacun se met à douter du comportement des autres. Le revirement peut alors être très brutal. [...]
Déjà, dans le chapitre 12 de la *Théorie générale*, Keynes soulignait la similitude existant entre la logique financière et les parties de « *chaises musicales, où le gagnant est celui... qui se procure une chaise lorsque la musique s'arrête* ».

André ORLÉAN, « Comprendre les foules spéculatives : mimétismes informationnel, autoréférentiel et normatif », in *Crises financières*, Jacques GRAVEREAU et Jacques TRAUMAN, Économica, 2001.

1. Témoignage recueilli dans *Libération*, 8 septembre 2000.

Le saviez-vous ?

Selon **la théorie des marchés efficients**, les Bourses reflètent les « fondamentaux », c'est-à-dire la valeur réelle de l'entreprise. **La spéculation** (l'achat ou la vente en vue d'une revente avec gain) **est équilibrante** car seuls les spéculateurs qui ont bien anticipé ces fondamentaux survivront sur le marché. Selon **John Maynard Keynes, la spéculation est déséquilibrante** car elle crée des « bulles spéculatives ».

QUESTIONS

1. Expliquer. Pourquoi les investisseurs se copient-ils les uns les autres ?

2. Définir. Que sont le « mimétisme informationnel » et le « mimétisme autoréférentiel » ?

3. Expliquer. Qu'est-ce qu'une bulle spéculative ?

4. Analyser. D'après l'auteur, la spéculation est-elle équilibrante ou déséquilibrante ?

DOC 3 • La prise de risque est récompensée

La spéculation avec effet de levier

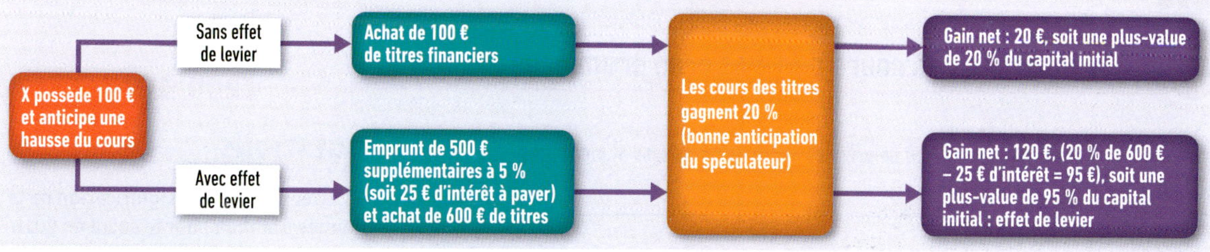

Le saviez-vous ?

La **vente à découvert** consiste à vendre des titres que l'on ne possède pas le jour de la vente et qui seront remis à l'acheteur un peu plus tard. Ce jour-là, le spéculateur achète lui-même des titres au nouveau cours du jour. Si le cours a baissé entre-temps, il réalise une plus-value sans avoir engagé aucun capital personnel.

QUESTIONS

1. Calculer. À partir de l'exemple fourni, calculez l'effet de levier de l'emprunt si les cours des titres avaient doublé. Même question s'ils avaient perdu 50 % de leur valeur.

2. Analyser. Montrez, grâce à vos calculs, que l'effet de levier peut se transformer en « effet de massue » pour le spéculateur.

3. Expliquer. En quoi la vente à découvert se distingue-t-elle de l'effet de levier ? Quelle technique est la plus risquée ?

DOC 4 • « Pile je gagne, face tu perds... » ou les dangers de l'aléa moral

La crise du *Long Term Capital Management* (LTCM) en 1998 est devenue un symbole des dérives des *hedge funds*, ces fonds d'investissement à but spéculatif qui utilisent au maximum l'effet de levier. […] Le LTCM, fondé en 1994, disposait d'une réputation solide, notamment grâce à l'appui d'économistes et de financiers renommés (dont deux prix Nobel d'économie). En 1997, il avait offert une rentabilité moyenne de 40 % à ses membres, et presque triplé leur capital depuis 1994. Cette rentabilité se payait d'une grande fragilité financière : fin 1997, son capital était de 7,3 milliards de $ et son portefeuille de 120 milliards de $, soit un rapport de 1 à 16 ! Les dirigeants du LTCM firent passer ce coefficient à 25 pour accroître encore l'effet de levier. Durant l'été 1998, […] le LTCM connut des difficultés financières qui le conduisirent au bord de la banqueroute. En septembre, une offre de reprise du fonds par un groupe d'entreprises financières fut rejetée par les dirigeants du LTCM. Selon certains, ce refus s'explique par l'assurance des dirigeants et actionnaires d'être secourus dans de meilleures conditions par les autorités financières américaines. […]

Le sauvetage du LTCM semble donc bien une illustration du principe « *too big to fail*[1] » où l'assurance d'être soutenu en cas de difficultés accroît la prise de risques et génère les difficultés financières que les autorités sont chargées d'éviter. On parle alors d'aléa moral.

Denis ANNE, « La mondialisation financière sans pilote », *Écoflash*, n° 158, mai 2001.

1. Trop gros pour disparaître.

QUESTIONS

1. Définir. Qu'est-ce qu'un *hedge fund* ?

2. Expliquer. Comment le LTCM a-t-il pu garantir un rendement de 40 % à ses membres pour la seule année 1997 ?

3. Analyser. En quoi le LTCM était-il *too big to fail* ?

4. Lire. Que signifie la phrase soulignée ?

Faire le bilan

Reliez chaque terme à sa définition.

Spéculation	L'agent financier prend des risques car il est assuré.
Comportement mimétique	Utilisation de l'emprunt pour accroître la rentabilité d'un placement.
Bulle spéculative	Achat de titre pour le revendre plus cher à une date ultérieure.
Effet de levier	Situation où la spéculation déconnecte le cours des titres de leur valeur réelle.
Aléa moral	Situation où les spéculateurs sont amenés à se copier les uns les autres.

Faites la synthèse.

La spéculation est-elle équilibrante ou déséquilibrante ?

DOSSIER 2

Les coûts de la volatilité : l'exemple des matières premières

DOC 1 • La volatilité des cours des matières premières

POUR COMMENCER

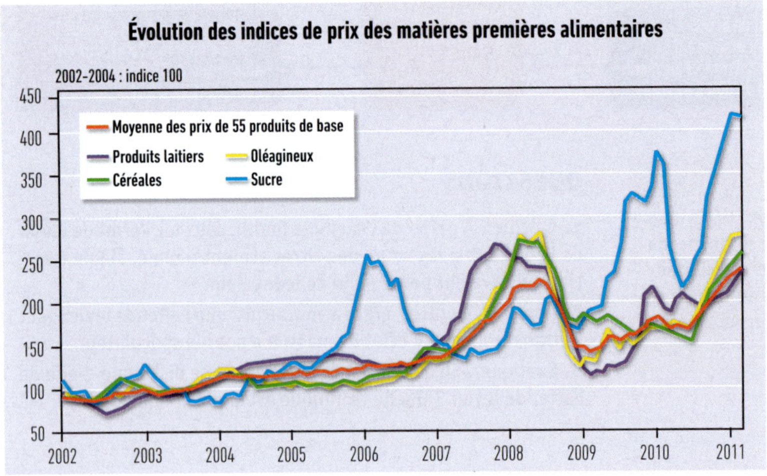

D'après FAO, 2011.

QUESTIONS

1. **Lire.** Expliquez la signification de la donnée obtenue pour le sucre en 2011.
2. **Calculer.** Quel est le taux de variation (en %) du prix des différentes matières premières entre le début 2007 et 2008, puis entre 2008 et 2009 ?
3. **Lire.** Quel type de matière première alimentaire a connu la plus forte variation de cours ?

DOC 2 • La « financiarisation » des marchés de matières premières

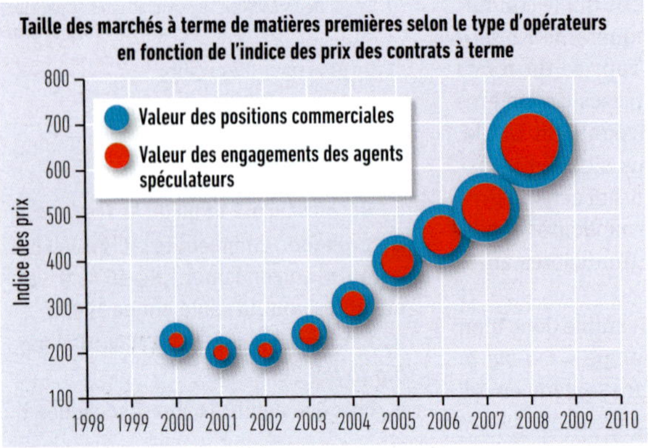

Note : la surface des cercles est proportionnelle au montant des contrats passés.
Lecture : les marchés à terme (*forwards* en anglais) sont des marchés de produits dérivés (voir chapitre 5) où un agent peut s'assurer contre le risque d'une variation future du cours en le transférant à un autre agent qui accepte de prendre ce risque (cas d'un spéculateur) ou qui craint une variation inverse (cas des opérateurs commerciaux). On appelle position la valeur du contrat.

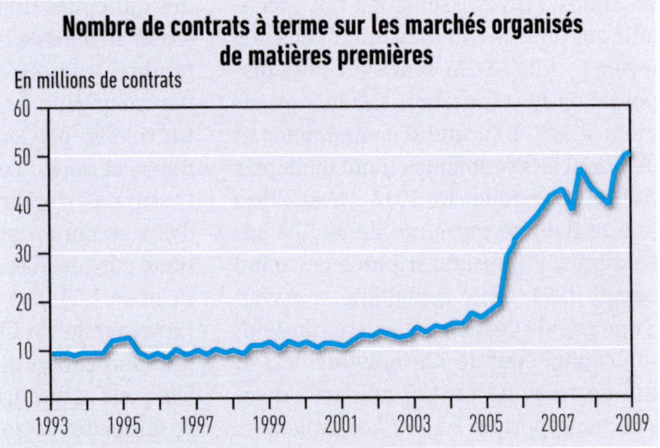

Lecture : les marchés organisés comportent un régulateur qui se porte garant des opérations réalisées ; ils se distinguent des marchés de gré à gré qui ne sont pas encadrés, ni régulés.

D'après *Note d'analyse*, Conseil d'analyse stratégique, n° 206, janvier 2011.

QUESTIONS

1. **Lire.** Combien de contrats à terme sur les matières premières étaient échangés en 1993 ? En 2009 ?
2. **Lire.** Qui étaient les principaux intervenants sur ces marchés à terme en 2000 ? En 2008 ?
3. **Analyser.** Peut-on voir un lien entre la volatilité des cours (document 1) et le développement des marchés à terme de matières premières ?

DOC 3 • Les coûts de la volatilité pour les consommateurs et les producteurs

Les cours des matières premières [connaissent] des fluctuations erratiques au jour le jour, des mouvements de yo-yo comme sur les marchés boursiers. Les tentatives de prévision et de couverture des fluctuations des prix alimentaires ou énergétiques sont ainsi déjouées, remettant en question le fonctionnement des marchés à terme, les empêchant de jouer leur rôle d'assureur contre les variations futures des cours. Censés prévoir ces variations, ces marchés [de produits dérivés] réagissent en réalité à très court terme. La volatilité qui les affecte illustre « *leur forte sensibilité à toute nouvelle information qui arrive aux oreilles des opérateurs* », explique [un] directeur de recherches à l'Institut national de la recherche agronomique (Inra) de Rennes. [...]

Mais la volatilité renforce l'incertitude pour les agents économiques. Fixer à l'avance, par des contrats à terme, les coûts du carburant ou d'une matière première peut se révéler perdant. « *Ne pas se couvrir est un choix certes risqué. Mais se couvrir peut être aussi dangereux !* [...] », explique un cadre dirigeant de l'agroalimentaire.

Comment nourrir la planète dans de telles conditions ? « *Les producteurs agricoles ne peuvent pas réagir immédiatement à ces variations extrêmes, tout simplement parce que les décisions de production sont annuelles pour de nombreuses activités agricoles* » [...]. Ils doivent donc anticiper la rentabilité future... sans l'aide des indications de marché. [...] Les agriculteurs européens ont été longtemps protégés par la Politique agricole commune (Pac). [...] D'autres producteurs, « *tout spécialement nord-américains, bénéficient également d'importants filets de sécurité* » [...]. Mais ce n'est pas le cas des paysans des pays pauvres.

Adrien DE TRICORNOT, « Les dégâts économiques de fluctuations brutales », *Le Monde*, 9 décembre 2008.

QUESTIONS

1. **Analyser.** Quelle est la finalité première des marchés de produits dérivés ?
2. **Lire.** Que signifie la phrase soulignée ?
3. **Lire.** Pourquoi les producteurs ne peuvent-ils pas réagir immédiatement aux variations de cours ?
4. **Expliquer.** Pourquoi les paysans des pays développés sont-ils en partie protégés de ces fluctuations ?

DOC 4 • La finance n'est pas la seule responsable de la volatilité

En 2007, les cultures de blé de l'Inde avaient été partiellement détruites par des sécheresses. Le prix de ce produit sur le marché international étant alors très élevé, le gouvernement se refusa à compenser les mauvaises récoltes par des importations trop coûteuses. Il décida de substituer le riz au blé et imposa des quotas d'exportation sur le riz, transformés par la suite en interdiction. Bientôt, la Thaïlande et le Vietnam suivirent. Afin de se prémunir contre une éventuelle pénurie de riz, les ménages, les agriculteurs ainsi que certains gouvernements (Malaisie, Philippines ou encore Indonésie) constituèrent des stocks de plus en plus importants. Cette panique aurait conduit à une augmentation de + 25 % de la demande en riz sur une très courte période, soit une hausse du prix de + 167 % (en prenant des hypothèses d'élasticités-prix de – 0,1 pour la demande et de 0,05 pour l'offre), ce qui correspond en pratique aux faits observés (environ + 170 % entre janvier 2006 et avril 2008). Quand de bonnes récoltes furent annoncées pour la saison suivante, la crainte de pénuries disparut, et les prix retombèrent à des niveaux raisonnables.

Johanne BUBA, Maxime LIEGEY, *Note d'analyse*, Conseil d'analyse stratégique, n° 206, janvier 2011.

Notion

Élasticité-prix : l'élasticité-prix de la demande (ou de l'offre) mesure la variation relative en pourcentage de la demande (ou de l'offre) suite à une augmentation de 1 % du prix d'un produit.

Le saviez-vous ?

Lorsque les prix sont hauts, les producteurs investissent pour augmenter leur production, ce qui tend à faire diminuer les prix à la période suivante (temps de récolte). Face à cette diminution, les producteurs diminuent la production : les prix remontent. Dans le cas des marchés agricoles, la faible élasticité-prix de la demande et les anticipations imparfaites des agents conduisent à l'existence d'un point d'équilibre instable. On observe alors des oscillations chaotiques.

QUESTIONS

1. **Analyser.** Comment la baisse de la production de blé en Inde a-t-elle influencé le marché du riz ?
2. **Lire.** Que signifie une élasticité-prix de – 0,1 pour la demande et de + 0,05 pour l'offre ?
3. **Expliquer.** Pourquoi des offres et des demandes inélastiques entraînent-elles de fortes variations des prix ?

Faire le bilan

Reliez chacune des variables au facteur correspondant.

- Anticipations imparfaites des agents •
- Élasticité-prix de la demande élevée •
- Élasticité-prix de l'offre faible •
- Marché à terme avec opérateurs commerciaux •
- Marché à terme avec opérateurs spéculateurs •

- • Facteur de stabilité des prix
- • Facteur d'instabilité des prix

Faites la synthèse.

Les fluctuations de cours des matières premières ont-elles des causes « réelles » ou financières ?

DOSSIER 3

Une crise systémique : la crise de 2007-2008

DOC 1 • Le boom : où l'on retrouve la titrisation

POUR COMMENCER

[Aux États-Unis, à partir de 2002], tout s'achète et le marché de l'immobilier entame une ascension fulgurante. Comme les taux d'intérêt sont au plus bas (1 % sur le marché monétaire et 4 % pour les crédits à 15 ans), il faudrait être fou pour ne pas se payer une tranche de rêve et tout le monde veut se l'offrir. Y compris ceux qui n'en ont vraiment pas les moyens.
Les banques et leurs intermédiaires attitrés développent un marketing commercial sophistiqué et très persuasif pour vendre des crédits […]. Au début, ils ciblent les ménages aisés, ceux dont la capacité de remboursement est avérée. C'est la clientèle « *prime* ». Puis, la concurrence aidant, ils draguent des catégories de clientèle moins favorisées. La planète financière découvre ainsi les crédits « *subprimes* » […] octroyés à des emprunteurs dont on sait, par avance, qu'ils ne disposent pas des revenus nécessaires au remboursement de leur emprunt. […] Dans le pire des cas, dira le banquier, vous vendez la maison, qui a forcément pris énormément de valeur… On connaît la suite. […]
Du côté de l'offre, le problème est encore plus simple. Le courtier touche sa « com » et le banquier « titrise ». Cette technique, la titrisation, est au cœur de la crise actuelle. Sans entrer dans le détail, disons que cette « innovation financière » revient à sortir le crédit du bilan de la banque. Et à transférer le risque (ou, au moins, une partie de celui-ci) au voisin. Parce que le voisin a des liquidités à placer ou parce qu'il pense que ces créances vont lui rapporter plus que l'argent ne lui coûte… De toute façon, ces crédits un peu compliqués sont noyés dans le système. Ni vu ni connu. C'est bien là le problème. Tout cela est bel et bon, jusqu'au jour où la « bulle » de l'immobilier éclate.

Olivier PASTRÉ, Jean-Marc SYLVESTRE, *Le Roman vrai de la crise financière*, Perrin, 2008.

QUESTIONS

1. Définir. Qu'est-ce qu'un crédit *subprime* ? Rappelez ce qu'est la titrisation (voir chapitre 5).
2. Analyser. Repérez l'ensemble des facteurs qui contribuent au boom de l'immobilier américain.
3. Déduire. Quelle est la condition nécessaire pour que ce système de crédit ne s'écroule pas ?

DOC 2 • La crise : quand la tendance se retourne

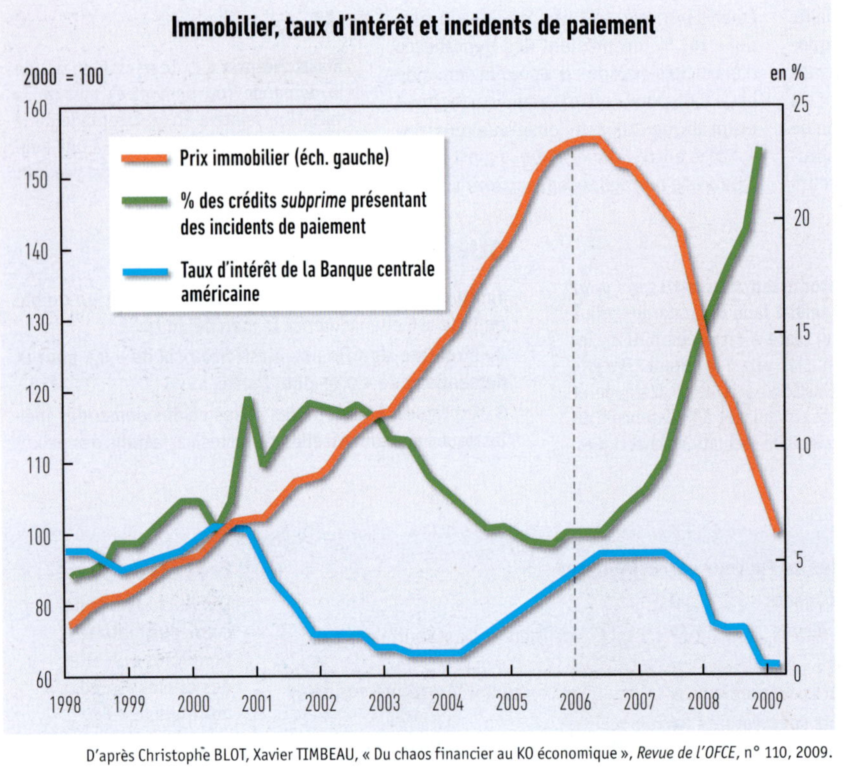

D'après Christophe BLOT, Xavier TIMBEAU, « Du chaos financier au KO économique », *Revue de l'OFCE*, n° 110, 2009.

QUESTIONS

1. Lire. Que se passe-t-il au début de 2006 dans les prix de l'immobilier ?
2. Déduire. En raisonnant en termes d'offre et de demande, montrez que la hausse des taux d'intérêt peut en partie expliquer ce retournement.
3. Analyser. Pourquoi le nombre de crédits présentant des incidents de paiement devait-il augmenter (voir également le document 1) ?
4. Expliquer. Montrez que la croissance des incidents de paiement et la baisse des prix immobiliers sont liées.

DOC 3 • La diffusion et l'amplification de la crise : effet domino et crise de liquidité

À ce stade, rien ne laissait présager une crise financière mondiale. [...] Les pertes liées à l'immobilier, de l'ordre de 500 milliards de dollars selon le FMI, semblaient dérisoires relativement à la richesse nette des ménages américains qui était de plus de 60 000 milliards de dollars en 2007. [...] Cependant, le risque était *in fine* porté par le secteur bancaire mondial. Or, en 2006, les fonds propres des 50 plus grandes banques européennes, britanniques et américaines ne dépassaient guère 1 500 milliards de dollars. [...] La révélation de cette perte impliquait nécessairement un risque de faillite élevé pour certains établissements bancaires. Ceci se doublait de l'incertitude sur l'identité des banques perdantes. Dès lors, n'importe quel établissement était potentiellement fragile et pouvait laisser derrière lui une ardoise considérable. Le marché interbancaire ne pouvait alors que se bloquer [...]. Ceux qui disposent de liquidités ne sont plus disposés à les prêter et ceux dont le volume d'actifs liquides est insuffisant ne peuvent plus trouver les liquidités dont ils ont besoin. Les taux interbancaires ont connu une première poussée dès le mois d'août 2007 [...]. Les conditions de financement sur le marché interbancaire restent ensuite difficiles des deux côtés de l'Atlantique avant de se dégrader très nettement un an plus tard après la faillite de Lehman Brothers. [...] La crise de liquidité s'est rapidement muée en crise de solvabilité généralisée touchant le système financier mondial. Après un premier choc en août 2007, l'onde s'est amplifiée à partir de septembre 2008[1]. Devant l'ampleur de la catastrophe annoncée, les Bourses mondiales ont plongé.

Christophe BLOT, Xavier TIMBEAU, « Du chaos financier au K.-O. économique », *Revue de l'OFCE*, n° 110, 2009.

1. Date de la faillite de la banque Lehman Brothers.

Ne pas confondre

On parle de **crise de liquidité** quand plus aucun agent n'est prêt à prêter aux autres : le financement est temporairement asséché. Lors d'une **crise de solvabilité**, les agents financiers n'ont pas les moyens de faire face à leurs obligations à moyen et à long termes ; elle indique une mauvaise gestion de la part de l'agent.

QUESTIONS

1. **Expliquer.** Comment la crise de l'immobilier américain s'est-elle transformée en crise mondiale ?
2. **Illustrer.** La phrase soulignée correspond-elle à une crise de liquidité ou de solvabilité ?
3. **Analyser.** Comment la crise de liquidité s'est-elle transformée en crise de solvabilité ?

DOC 4 • Le risque systémique

Crise de liquidité de la banque britannique Northern Rock en septembre 2007

Aussi définirons-nous le risque de système comme suit : c'est l'éventualité qu'apparaissent des états économiques dans lesquels les réponses rationnelles des agents individuels aux risques qu'ils perçoivent, loin de conduire à une meilleure répartition des risques par diversification, amènent à élever l'insécurité générale. [...] Ces états sont les résultats involontaires de comportements individuels de gestion des risques, compte tenu des informations qui sont fournies par les marchés.
De manière générale, le risque de système ne provient pas de l'irrationalité des agents mais des défauts de coordination des marchés [...]. Bien que tous subissent des pertes de bien-être, les défauts de coordination empêchent les agents individuels de reconnaître l'effet de leurs actions sur les autres. Il s'ensuit qu'ils n'ont pas intérêt à adopter les comportements qui permettraient, s'ils étaient le fait de tous, de revenir dans le domaine des équilibres normaux.

Michel AGLIETTA, *Macroéconomie financière*, La Découverte, coll. Repères, 2008.

QUESTIONS

1. **Lire.** Que signifie la phrase soulignée ?
2. **Illustrer.** Montrez que les retraits de clients de la banque Northern Rock peuvent créer un risque de système.

Faire le bilan

Recopiez et complétez le texte avec les mots et expressions suivants :
crise systémique – *subprimes* – titrisation – crise de liquidité.

La crise des ...... a débuté aux États-Unis lorsque des banques ont transféré le risque de leurs créances à d'autres par la .... Quand elles ont réalisé qu'elles possédaient des actifs douteux, elles ont cessé de se prêter les unes aux autres, ce qui a conduit à une ...... qui s'est ensuite transformée en ....

Faites la synthèse.

Quelles sont les conditions pour qu'apparaisse un risque systémique ?

DOSSIER 4 Les crises financières et leur traitement

DOC 1 • L'impact des crises financières sur l'économie « réelle » : la crise de 2007-2008

POUR COMMENCER

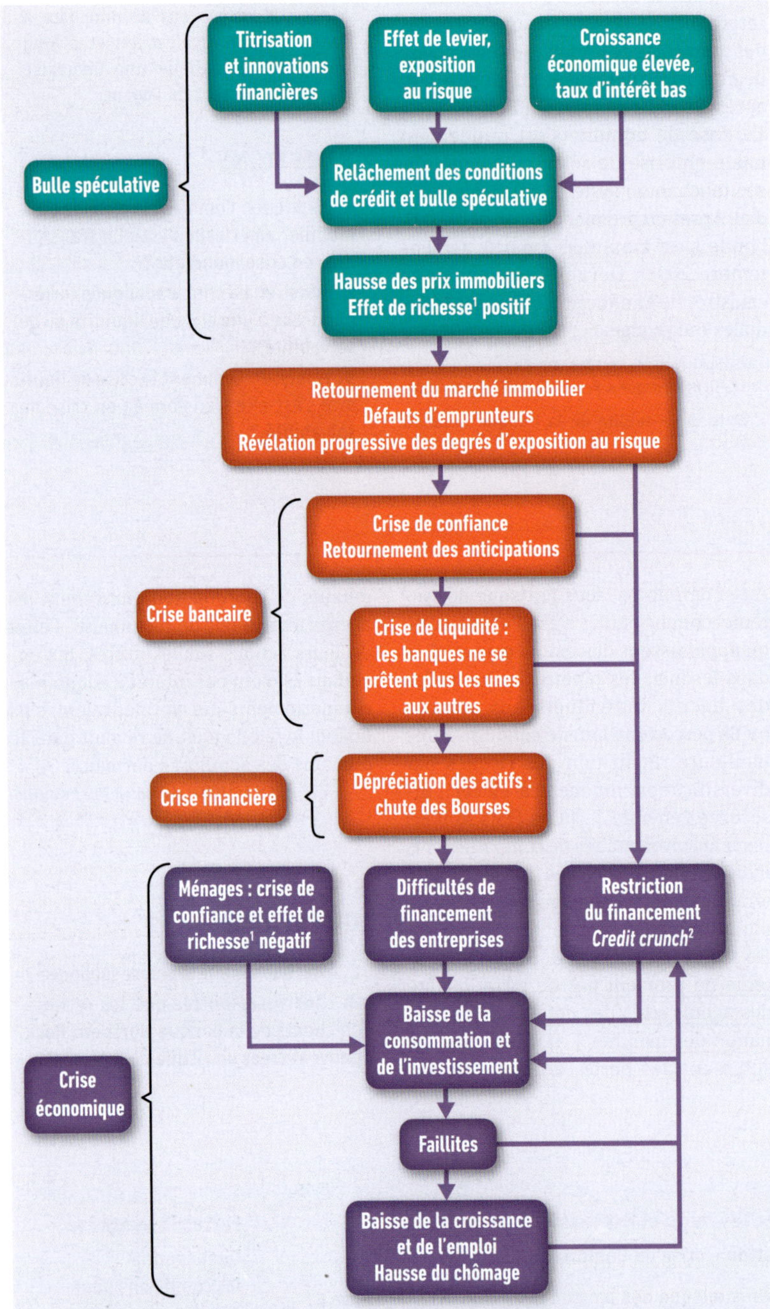

1. Il est positif quand les agents s'enrichissent grâce à la hausse des cours boursiers pendant la bulle spéculative ; négatif quand elle éclate.
2. En situation de crise, effondrement des crédits offerts par les banques aux agents non financiers.

Bordas, 2012.

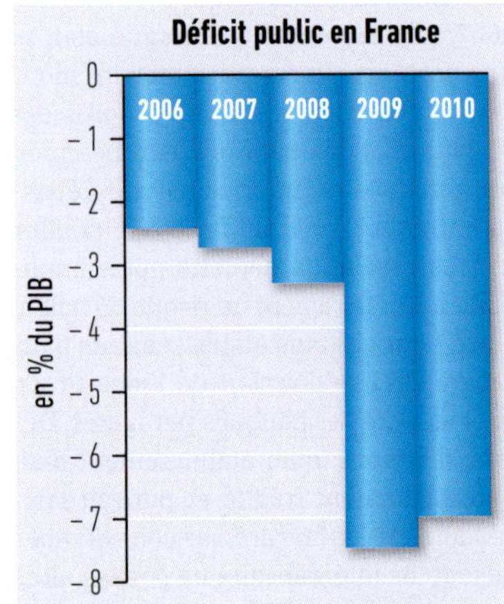

Source : Insee, 2011.

Le saviez-vous ?

La crise a un triple impact négatif sur les finances des États : premièrement, ils doivent aider les banques ; deuxièmement, ils doivent financer des politiques de relance pour soutenir l'économie touchée par la récession ; enfin, les recettes de l'État dépendent de l'activité économique qui est réduite par la crise.

QUESTIONS

1. Expliquer. Rappelez quand et pourquoi le marché immobilier s'est retourné aux États-Unis (voir dossier 3, document 2).

2. Analyser. Comment une crise financière se transforme-t-elle en crise économique ?

3. Analyser. Quelles parties du schéma peuvent avoir un impact négatif sur les finances publiques ?

DOC 2 • Pourquoi sauver les banques ?

Le gouverneur de la Banque d'Angleterre avait prévenu [...] fin août 2007 qu'il ne ferait pas de repêchage des banques trop aventureuses. Il doit, quelques jours après, faire des apports massifs de liquidité à [la banque britannique] Northern Rock [...]. Northern Rock est en effet victime, le 14 septembre 2007, d'une ruée au guichet avec près d'un milliard de livres de dépôts retirés en un seul jour. [...] La logique retenue [par les autorités britanniques] est ainsi celle d'une crise de liquidité, pas de solvabilité. Il faut arrêter la première, sauf à prendre le risque d'enclencher la seconde, avec des risques en cascade. [...] Lehman Brothers est l'un des fleurons de Wall Street. [...] À partir de 2007, comme ses consœurs, elle accumule les pertes. Ses dirigeants vont alors chercher un repreneur, mais sans succès. Le 15 septembre, ils n'ont d'autre choix que de se déclarer en faillite. Contrairement aux cas précédents, les autorités ne viendront pas au secours de l'établissement. [...] En abandonnant Lehman Brothers à son sort, la Réserve fédérale américaine a certainement voulu faire un exemple : non, les autorités publiques ne voleraient pas systématiquement au secours des établissements financiers en difficulté [...]. L'intention de la Fed était louable, le pari audacieux. Avec le recul, il a toutefois semblé à beaucoup d'observateurs que Lehman Brothers était *too big to fail*[1].

P. ARTUS, J.-P. BETBEZE, C. DE BOISSIEU, G. CAPELLE-BLANCARD, *De la crise des subprimes à la crise mondiale*, La Documentation française, 2009.

1. Trop gros pour disparaître.

Le saviez-vous ?

La stabilité du système bancaire et financier est un bien public qui profite à tous. L'existence d'un risque systémique rend possible des défaillances en chaîne coûteuses pour tous (agents financiers, ménages, entreprises, États). Avec la mondialisation, la préservation de la stabilité financière internationale peut être assimilée à un bien public mondial, comme la protection de l'environnement, la paix ou la sécurité.

QUESTIONS

1. **Lire.** Pourquoi les autorités monétaires britanniques ont-elles changé d'avis et secouru Northern Rock ?
2. **Expliquer.** Pourquoi les autorités américaines ont-elles fait le choix inverse avec Lehman Brothers ?
3. **Analyser.** Montrez que le principe d'une banque « *too big to fail* » renvoie à la fois à l'effet domino (dossier 3, document 3) et à un aléa moral (dossier 1, document 4).

DOC 3 • Le sauvetage du système financier

Aussi les banques centrales ont-elles été contraintes d'élargir et de développer de façon exceptionnelle leur fonction de « prêteur en dernier ressort » au fur et à mesure que s'aggravait la crise financière. [...] Bien avant la chute de Lehman Brothers, les banques centrales avaient allongé la durée de leurs lignes de crédits en dernier ressort et les avaient étendues aux banques d'affaires. [...]

En septembre 2008, quand cette fois la circulation des liquidités s'est totalement paralysée, les banques centrales ont dû purement et simplement remplacer le marché. Elles se sont mises à injecter des volumes considérables dans le circuit bancaire, soit des centaines de milliards chaque jour ! La crise de liquidité devenant mondiale, elles ont alors pris l'initiative de coordonner leurs interventions de manière à fournir les différentes devises dont les banques avaient besoin aux quatre coins du monde, au fur et à mesure que la crise de liquidité se mondialisait. [...] La Réserve fédérale américaine est allée encore plus loin dans le risque. Elle s'est mise à prêter directement aux entreprises [...].

Mais toutes ces dispositions ne traitent que la crise de liquidité, pas le problème fondamental des créances douteuses. [...] Les États ont dû prendre le relais pour, d'une part, assurer la recapitalisation[1] des banques, et, d'autre part, garantir les prêts interbancaires. [...] Pour financer ces opérations de soutien massif au système financier [...], les États ont recouru à la dette publique [...] [également] alimentée par les déficits budgétaires qui découlent des plans de relance décidés par le gouvernement pour soutenir l'activité économique et sortir de la récession.

Michel AGLIETTA, *La Crise. Les voies de sortie*, Michalon, 2010.

1. Apport de capitaux frais pour faire face à des difficultés de financement.

QUESTIONS

1. **Lire.** Comment expliquer la crise de liquidité en 2008 ?
2. **Lire.** Quelles furent les actions des autorités monétaires pour réagir à cette crise ? Et celle des gouvernements ?

Faire le bilan

Choisissez la bonne réponse.

Le *credit crunch* est :
- a. un prêt à une usine de chocolat
- b. une explosion des crédits
- c. une réduction des crédits

Suite à la crise financière puis économique, les déficits publics se creusent :
- a. par accroissement des dépenses publiques
- b. par réduction des recettes fiscales
- c. par les deux

Le prêteur en dernier ressort est :
- a. l'épargnant
- b. la banque
- c. la banque centrale

Faites la synthèse.

Pourquoi les autorités publiques sauvent-elles plus facilement les banques que des entreprises d'autres secteurs comme l'industrie ?

DOSSIER 5 Comment éviter les crises financières ?

DOC 1 • Une autre finance est-elle possible ?

POUR COMMENCER

L'islam proscrit le prêt à intérêt, base de la finance occidentale. [...] Pour le financement de son entreprise, un patron se verrait, dans une banque classique, proposer un crédit moyennant un intérêt. [...] En revanche, si l'entrepreneur passe par une banque islamique pour financer un projet, les deux parties s'engageront à partager les pertes et les profits dans un contrat de *mudarabah*. [...] Ce mode de financement [...] incite la banque à s'impliquer plus activement dans le suivi du projet qu'en finance classique. [...]
Il en va de même pour les dettes contractées sur les marchés financiers : [...] la finance islamique a inventé une forme d'obligation, le *sukuk*, qui rémunère les détenteurs par un pourcentage des bénéfices de l'entreprise. [...] De plus, une entreprise qui émet des *sukuk* doit offrir une garantie, car ces titres doivent toujours être adossés à un actif réel : un immeuble, des machines, etc. Pas question, là non plus, de garantir des titres par d'autres titres. [...]
Avant d'être proposés au public, ces produits financiers doivent encore être approuvés par un conseil de la *charia*, composé de financiers spécialistes de la loi islamique. « *Chaque banque doit pouvoir expliquer pour chaque produit qu'il est lié à un actif tangible, qu'il n'est pas soumis à intérêt... Se justifier devant des* sharia scholars, *qui appartiennent à la sphère économique, permet de rester en lien avec le réel et d'éviter les débordements* », souligne Elyès Jouini, auteur d'un rapport sur le développement de la finance islamique en France.

Mélody ENGUIX, Tiffanie OSSWALT, « La finance islamique débarque en France », *Alternatives économiques*, n° 284, octobre 2009.

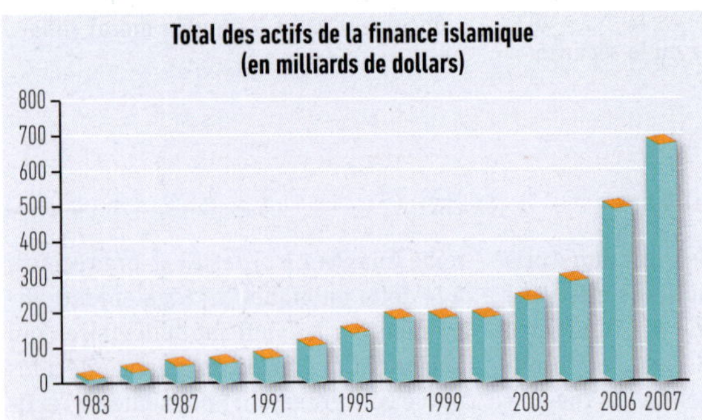

D'après *Alternatives économiques*, n° 284, octobre 2009.

QUESTIONS

1. **Expliquer.** Quelle est la différence entre une banque islamique et une banque classique ?
2. **Lire.** À quel type d'opération financière fait allusion la phrase soulignée ?
3. **Analyser.** Quelles caractéristiques de la finance islamique la rendent *a priori* moins sensible aux dangers de la globalisation financière ?
4. **Lire.** Quel est le poids de la finance islamique dans le monde en 2007 ? Comparez avec les 28 000 milliards de dollars d'actifs gérés par des fonds de pension (fonds de retraite) en 2009.

DOC 2 • Des pistes pour réguler la finance

Il faut unifier la réglementation et la supervision des banques commerciales et des non-banques à levier d'endettement (banques d'investissement, grands *hedge funds* et fonds de *private equity*...). [...] Il faut obliger ces entités [...] à mettre du capital en réserve au lieu d'accroître le levier. [...]
[Il faut] s'attaquer à l'énorme aléa moral [qui a mobilisé] des milliers de milliards de dollars d'argent public sans contrepartie. [...] Le sauvetage inconditionnel des banques géantes et interconnectées dans des structures inextricables ne peut plus être toléré. Cela implique que les banques deviennent plus réduites en taille, plus simples en structure et qu'elles rendent transparents à l'avance leurs positions et leurs engagements. [...] La transparence et la menace effective de la faillite sont des règles constitutives d'une économie de marché concurrentielle. [...]
Il convient de normaliser les produits de titrisation. On pourrait créer à cet effet des marchés secondaires de type boursier où seraient centralisées les transactions. Le risque y est contrôlé grâce à un centre qui est contrepartie des ordres. Pour les marchés qui resteraient de gré à gré, toutes les étapes de la titrisation devraient être contrôlées par les régulateurs selon des principes transparents. Les procédures de règlement devraient être centralisées [...]. La chambre de compensation surveille tous les jours la situation [...], ce qui fait que personne ne peut tenir des positions ouvertes colossales sans garantie.
Se pose enfin le problème des agences de notation. [...] Seule une titrisation normalisée sous le contrôle des régulateurs [...] donnerait [aux opérateurs] l'information pertinente pour faire leur propre évaluation. Les agences seraient réduites au rôle qu'elles devraient avoir, celui d'un émetteur d'opinion, parmi d'autres. [...]
L'activité financière [...] appelle une gouvernance mondiale.

Michel AGLIETTA, *La Crise. Les voies de sortie*, Michalon, 2010.

QUESTIONS

1. **Lire.** Repérez les différentes recommandations faites par l'auteur.
2. **Expliquer.** Pourquoi faut-il diminuer la taille des banques ?
3. **Expliquer.** Pourquoi les marchés de gré à gré doivent-ils être centralisés ?
4. **Analyser.** Pourquoi la gouvernance doit-elle être mondiale ?

DOC 3 • La réglementation prudentielle internationale

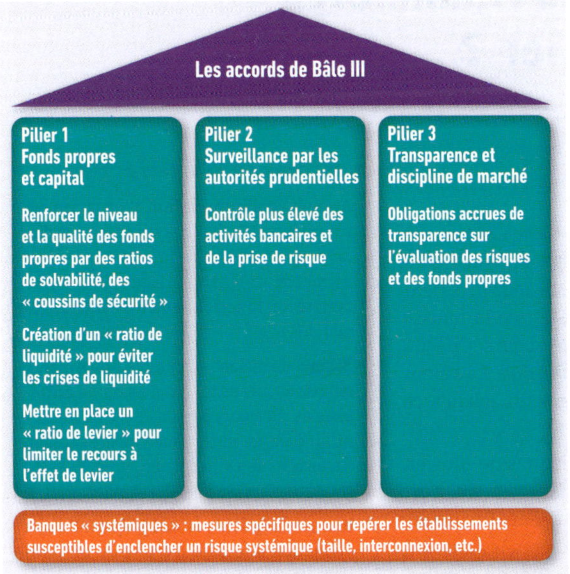

D'après BRI.

Notion

Réglementation prudentielle : normes contraignantes visant à réduire le risque systémique en contraignant les banques et les agents financiers à éviter une prise de risque excessive.

Le saviez-vous ?

Dès la fin des années 1980, **les accords de Bâle ont mis en place des règles internationales de sécurité bancaire et financière.** Les derniers accords, « Bâle III », ont été signés en 2010. Tous les pays ne les appliquent pas et certains ont des réglementations spécifiques (taxes sur la finance, séparation des banques d'affaires et de dépôts, etc.).

QUESTIONS

1. **Lire.** Que sont les accords de Bâle ? Quels sont leurs objectifs ?
2. **Expliquer.** À quoi correspond chacun des trois piliers de Bâle III ?
3. **Analyser.** Pourquoi prévoir une réglementation spécifique pour les banques « systémiques » ?

DOC 4 • Taxer la finance ?

Taxer les activités financières. Cette proposition, si elle séduit une partie de l'opinion depuis longtemps, a aussi longtemps été considérée comme iconoclaste. Elle était rejetée par la plupart des experts qui estimaient qu'une telle initiative était impossible à mettre en œuvre [car elle aurait dû être mondiale]. Le serait-elle, ils craignaient qu'en augmentant les coûts de transaction, cette taxe ne réduise la liquidité […].

Des projets de taxe sont de nouveau à l'ordre du jour […]. L'idée n'est plus d'utiliser la taxe à des fins réglementaires pour limiter la spéculation ou la volatilité des marchés. Il existe d'autres instruments plus efficaces pour cela (renforcer les normes prudentielles, limiter l'accès à certains marchés et / ou à certains intervenants, scinder les activités, etc.). L'objectif de la taxe est aujourd'hui ramené à sa plus simple expression : collecter des fonds. Les débats ne tournent plus désormais autour de la question de l'incidence éventuelle d'une taxe sur la volatilité. Ils portent sur :

– l'assiette[1] : faut-il taxer les bonus[2], les profits, le bilan, le hors-bilan, uniquement les engagements risqués, les transactions de change, toutes les transactions financières ?

– le taux : au-delà de quel taux peut-elle avoir des effets indésirables ? […]

– l'affectation du produit de la taxe : les revenus doivent-ils être affectés à un fonds d'assurance, être traités comme n'importe quelle recette fiscale, ou servir à financer des projets de développement ?

Gunther CAPELLE-BLANCARD, Christophe DESTAIS, « Taxer les activités financières : un débat qui rebondit », *La Lettre du CEPII*, n° 304, décembre 2010.

1. L'assiette d'un impôt est ce sur quoi l'impôt est prélevé.
2. Les bonus sont des primes accordées aux entreprises financières, à leurs agents et *traders* en fonction des résultats.

QUESTIONS

1. **Expliquer.** Quelles étaient les critiques vis-à-vis d'une taxe sur les activités financières ?
2. **Expliquer.** Une taxe est-elle un bon moyen pour limiter la spéculation ?
3. **Lire.** Sur quoi porte aujourd'hui le débat ?

Faire le bilan

Reliez les différents exemples de mesure au type de régulation correspondant.

- Séparation des activités de banque d'affaires et de banque de dépôts •
- Mise en place de ratio de liquidité et de ratio de levier •
- Création d'un conseil de stabilité financière •
- Augmentation des ratios de solvabilité •
- Supervision des agences de notation •
- Lutte contre les paradis fiscaux •

• Règles prudentielles

• Contrôle des agents et des marchés

Faites la synthèse.

Faut-il taxer les activités financières ?

L'ESSENTIEL

Comment expliquer les crises financières et réguler le système financier ?

DOSSIER 1 La finance globalisée augmente les risques

- La globalisation financière est marquée par une forte instabilité. Cette instabilité a plusieurs causes. D'une part, les activités financières favorisent la spéculation. Celle-ci consiste à revendre des actifs plus cher en profitant de la hausse de leur prix (leur cours). Dans certains cas, des **bulles spéculatives** peuvent apparaître : la hausse des cours pousse les spéculateurs à acheter, ce qui fait monter les cours. Chacun est poussé à suivre les autres et à adopter un **comportement mimétique**. La valeur boursière est alors déconnectée de la valeur réelle des investissements jusqu'à ce qu'un krach boursier fasse éclater la bulle.
- D'autre part, les agents financiers sont incités à prendre des risques de plus en plus importants en s'endettant au-delà de leurs capacités de remboursement, c'est l'effet de levier. La prise de risque est d'autant plus forte que les agents financiers se savent « *too big to fail* », trop gros pour que les autorités financières les laissent disparaître en cas d'erreurs de gestion. C'est alors une forme d'**asymétrie d'information**, l'**aléa moral**, qui pousse un agent à prendre des risques parce qu'il se sait assuré.

DOSSIER 2 Les coûts de la volatilité : l'exemple des matières premières

- L'instabilité ne caractérise pas uniquement les marchés financiers. Les marchés des matières premières connaissent depuis les années 2000 une très forte volatilité de leurs cours. Or ces marchés se sont largement « financiarisés » durant cette période. Le développement des produits dérivés et des marchés à terme permet de s'assurer contre les risques liés aux aléas climatiques, mais ils peuvent également favoriser la spéculation, renforçant l'instabilité des cours des matières premières. C'est d'ailleurs pourquoi, comme sur les marchés financiers, on trouve aujourd'hui des **fonds spéculatifs** sur ces marchés.
- Les conséquences sur les consommateurs et les producteurs peuvent être dramatiques, surtout dans les pays en voie de développement, très dépendants des matières premières pour leurs approvisionnements et leurs débouchés. Néanmoins, il n'est pas certain que les variations de prix soient causées par la seule spéculation. Les marchés de matières premières sont des marchés où l'offre et la demande sont peu élastiques, favorisant des mouvements de prix importants dès qu'un choc les affecte.

DOSSIER 3 Une crise systémique : la crise de 2007-2008

- La globalisation financière favorise les crises comme celle de 2007-2008, la plus grave depuis la crise de 1929. Comme souvent, elle fut précédée d'une phase d'optimisme durant laquelle le crédit était abondant et bon marché ; la **titrisation** (voir chapitre 5) permet aux prêteurs de se débarrasser vers d'autres du risque de défaut des emprunteurs, d'autant qu'en cas de défaillance la revente du bien immobilier ou des titres suffit à rembourser tant que les cours sont orientés à la hausse : une **bulle spéculative** se crée.

Acquis de Première

Asymétrie d'information : situation où, sur un marché, l'un des deux acteurs dispose d'une meilleure information. Cette asymétrie, fréquente, risque de compromettre le fonctionnement efficace du marché.

Bilan : document comptable qui présente les ressources et les emplois d'une entreprise en éléments passifs et actifs. Il fournit une image instantanée de la situation financière de l'entreprise.

Risque de crédit : risque qu'un emprunteur ne s'acquitte pas intégralement d'une obligation à la date d'échéance ou ultérieurement.

Notions du programme

Aléa moral : situation où un agent, non ou mal informé, ne peut pas contrôler l'action d'un partenaire qui peut en profiter (par exemple, dans un contrat d'assurance, le client, une fois assuré, peut être incité à prendre plus de risques).

Comportement mimétique : situation dans laquelle les agents économiques se copient les uns les autres faute d'information. Ce type de comportement peut générer des bulles spéculatives.

Régulation : ensemble des institutions, procédures et processus permettant à un système de fonctionner correctement et dans la durée.

Risque systémique : situation où la mise en difficulté d'une banque ou d'un agent financier risque de se transmettre à tout le système financier. La réaction des agents face à ce risque augmente la probabilité qu'il se produise (paniques bancaires, par exemple).

● C'est le retournement du marché de l'immobilier américain à partir de 2006 qui renverse la tendance ; les défauts de paiement se généralisent, le **risque de crédit** se développe, les **bilans** des banques se dégradent, les conditions de crédit se durcissent, etc. Une crise de liquidité apparaît. Par effet domino, de nouveaux agents financiers connaissent des difficultés, les cours de Bourses diminuent, la crise de liquidité devient crise de solvabilité. La crise est devenue générale et auto-entretenue : on parle de **risque systémique**.

DOSSIER 4 Les crises financières et leur traitement

● Les crises financières ont des conséquences bien au-delà de la sphère financière. En restreignant le crédit, elles réduisent les capacités d'investissement des entreprises ; en diminuant la valeur des actifs, elles diminuent le patrimoine des épargnants. La consommation et l'investissement diminuent, ainsi que la production et l'emploi. La crise se transforme en crise économique obligeant les États à intervenir.

● Les autorités monétaires et financières interviennent pour soutenir les banques et les agents financiers. En effet, le sauvetage des agents financiers est nécessaire pour éviter le risque systémique : la stabilité financière constitue un **bien public** mondial qui doit être préservé. Les banques centrales jouent alors le rôle de prêteur en dernier ressort en cas de crise de liquidité, d'assèchement des marchés financiers.

DOSSIER 5 Comment éviter les crises financières ?

● L'enjeu est donc de mettre en place des modes de **régulation** permettant d'éviter que de telles crises surviennent. Les solutions sont connues : réduire la taille des banques pour éviter qu'elles soient « *too big to fail* », séparer les activités bancaires et de titrisation, réguler et encadrer la titrisation et les marchés opaques comme les marchés de gré à gré et les **paradis fiscaux**, rendre plus transparentes les **agences de notation**, limiter la prise de risque et le recours à l'effet de levier en mettant en place une **réglementation prudentielle**.

● Une avancée de la réglementation est visible suite à la crise financière de 2007-2008, mais elle bute encore sur des problèmes de coordination : pour être efficace, la régulation doit être mondiale. Même si des pistes alternatives sont explorées (comme la taxation des activités financières), la régulation financière passe par une harmonisation internationale.

Notions complémentaires

Agence de notation : entreprise ou agence chargée de noter la qualité des emprunteurs pour permettre aux prêteurs de mesurer le risque de leurs placements.

Bien public : bien ou service qui peut être consommé simultanément par plusieurs personnes (non-rivalité) et pour lequel il est impossible d'exclure celles qui refusent de payer (non-excluabilité). Son utilité collective est supérieure à son utilité privée ; pour cette raison, les biens publics ne sont pas correctement produits par les marchés.

Bulle spéculative : situation où la spéculation éloigne les cours de la Bourse de leur valeur réelle.

Fonds spéculatifs : fonds de gestion d'épargne privilégiant la prise de risque par des placements spéculatifs et le recours à l'effet de levier.

Paradis fiscal : territoire bénéficiant d'une fiscalité faible et d'un secret bancaire élevé. Les activités y sont très peu réglementées.

Réglementation prudentielle : réglementation visant à éviter ou à limiter la prise de risque par les banques et agents financiers.

Titrisation : technique financière qui permet de transformer des titres peu liquides en titres liquides par l'émission de nouveaux titres adossés aux anciens.

SCHÉMA BILAN

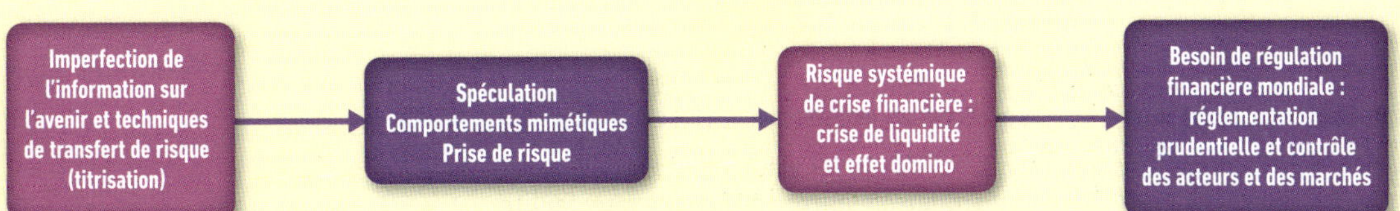

VERS LE BAC

Exercices pour réviser

EXERCICE 1

Choisissez la ou les bonne(s) réponse(s) :

1. Selon la théorie des marchés efficients, la spéculation est :
- **a.** équilibrante
- **b.** déséquilibrante
- **c.** ni l'un ni l'autre

2. L'effet de levier :
- **a.** permet de renforcer les bilans des banques
- **b.** permet d'accroître la rentabilité d'un placement grâce à l'emprunt
- **c.** permet aux banques en difficulté de trouver de nouveaux fonds

3. La volatilité des cours des matières premières :
- **a.** est coûteuse pour les producteurs et les consommateurs
- **b.** s'explique par les conditions de l'offre et de la demande sur ces marchés
- **c.** est renforcée par l'existence de la spéculation

4. L'aléa moral :
- **a.** correspond à la situation où le risque pousse les banques à s'assurer
- **b.** correspond à la situation où l'assurance réduit la prise de risque des banques
- **c.** correspond à la situation où l'assurance accroît la prise de risque des banques

EXERCICE 2

Reliez chaque type de crise à sa définition.

- Crise de liquidité •
- Crise de solvabilité •
- Crise systémique •
- *Credit crunch* •

- • Réduction générale de l'offre de crédit
- • Impossibilité de faire face aux échéances immédiates
- • Impossibilité de faire face aux échéances à long terme
- • Situation où les difficultés des agents financiers se propagent à l'ensemble du système financier

EXERCICE 3

Recopiez et complétez le texte avec les mots ou expressions suivants :

risque systémique – domino – liquidité – faibles – *subprime* – hypothécaires – crise économique.

Dans les années 2000, aux États-Unis, des taux d'intérêt .... et de nouveaux produits financiers ont permis une expansion générale du crédit, notamment de crédits immobiliers .... appelés .... Lorsque le marché immobilier s'est retourné en 2006, des banques se sont trouvées en difficulté. Elles ont cessé de se prêter les unes aux autres, ce qui a entraîné une crise de .... La crise s'est ensuite diffusée dans tout le système financier, par effet ...., illustrant le .... touchant le système financier. Les conditions de crédit se sont durcies, freinant l'investissement et la consommation : la crise financière est devenue une ....

EXERCICE 4

Les affirmations suivantes sont-elles vraies ou fausses ? Justifiez votre réponse.

1. Avec la titrisation, les prêteurs sont solidaires des emprunteurs.
2. Pour éviter l'aléa moral, il est souhaitable qu'une banque puisse faire faillite.
3. Pour éviter l'aléa moral, il est souhaitable d'avoir de grands établissements financiers.
4. Les marchés à terme réduisent le risque lié aux variations des cours des matières premières.
5. Les marchés à terme accroissent le risque de volatilité des cours des matières premières.

VERS LE BAC

Sujet 1 pour s'entraîner

SUJET L'assurance réduit-elle réellement les risques financiers ?

DOCUMENT 1

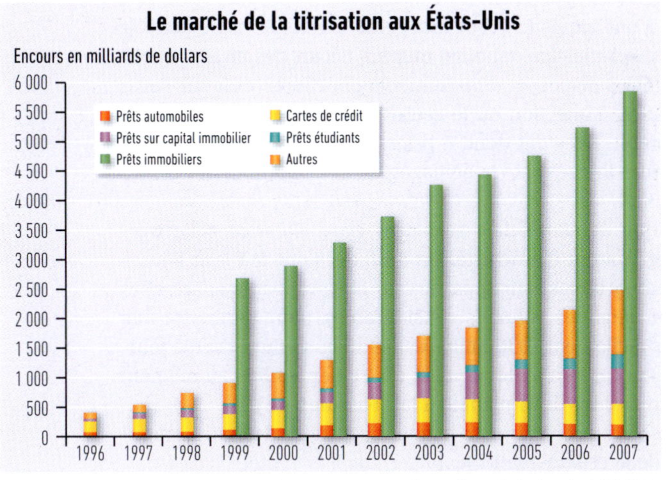

D'après Patrick ARTUS, Jean-Paul BETBÈZE, Christian de BOISSIEU, Gunther CAPELLE-BLANCARD, *La Crise des subprimes*, rapport du CAE, n° 78, 2008.

Note : la titrisation permet de transférer une créance détenue sur un agent à un autre agent en émettant un nouveau titre financier.

DOCUMENT 2

Jusqu'en 1634 [en Hollande], [...] les horticulteurs vendent directement les bulbes à leurs clients. [...] En 1635 et 1636, [...] des « billets à effet » furent introduits, sur lesquels étaient inscrits les caractéristiques du bulbe et son prix, fixé à l'avance entre les deux parties, en attendant que le contrat se dénoue à l'été suivant. Acheter aujourd'hui un produit à un prix fixé à l'avance pour une livraison à venir, c'est ce que les économistes nomment un « marché à terme ». [...]
L'engouement pour le commerce de tulipes s'en est trouvé accru et les prix ont commencé à grimper. [...] Bientôt, tout le monde s'est moqué de savoir ce qu'était vraiment la fleur concernée, où elle avait été plantée et par qui, pour se concentrer sur le marché des billets qui pouvaient changer de mains jusqu'à dix fois par jour, les prix montant à chaque échange. Les Hollandais ont baptisé ce genre de transactions « windhandel », le « commerce du vent »... [...]
Un dernier instrument original vient soutenir la spéculation des dernières semaines. [...] À la fin décembre 1636, un horticulteur ne réalise sa vente de 7 000 guilders qu'en offrant à son client une assurance contre le risque de baisse des prix. [...] Il semble donc bien que l'existence de produits d'assurance [...] ait contribué à soutenir les transactions pendant les dernières semaines avant le krach. Car krach il y a bien eu.

Christian CHAVAGNEUX, *Une brève histoire des crises financières*, La Découverte, 2011.

Point méthode

- Présentez rapidement les principaux risques financiers auxquels le sujet fait référence.
- Utilisez le document 2 pour montrer que la spéculation et l'assurance contre les risques financiers sont anciennes ; les formes ont changé, pas les principes.
- Montrez que la titrisation ne réduit qu'apparemment le risque ; elle le transfère.

Sujet 2 pour s'entraîner

SUJET Peut-on réguler la finance mondiale ?

DOCUMENT

Les banques centrales […] ont acquis […] leur indépendance vis-à-vis du pouvoir politique. Les grandes démocraties les ont ainsi mises à l'écart des enjeux quotidiens du débat politique. Elles disposent d'instruments pour intervenir sur l'économie. D'un côté, la création, l'injection ou le retrait de liquidités. De l'autre, le maniement des taux d'intérêt. Elles ont donc, *a priori*, toutes les cartes en main : elles sont immunisées contre le risque de la démagogie, elles sont libres, et gérées par les meilleurs experts.

Force est de reconnaître que, depuis l'éclatement de la crise, elles ont, collectivement, fait preuve de sang-froid et d'efficacité. En bref, elles ont fait leur boulot. Dès que des tensions insupportables sont apparues sur le marché monétaire, elles ont injecté des liquidités, dans des volumes considérables, pour permettre aux banques de se refinancer facilement : 330 milliards de dollars pour la seule journée du 10 août 2007. Plus encore qu'au lendemain du 11-Septembre, au moment même où l'on pensait que l'avenir de la planète allait basculer. […]

Mais cela n'exonère pas, bien au contraire, les banques centrales de toute responsabilité dans l'explosion de la crise actuelle. […]

Toutes les banques centrales semblent avoir oublié qu'elles ont aussi pour mission d'assurer la stabilité financière. […] De manière préventive, obsédées qu'elles étaient par l'inflation, définie au sens le plus strict, elles ont fermé les yeux sur l'augmentation des prix des actifs (immobiliers et financiers) qui, de manière métronomique, conduisaient les épargnants à leur perte – car, comme le disent tous les boursicoteurs, « les arbres ne montent pas jusqu'au ciel ». Et, de manière curative, les banques centrales n'ont pas fait mieux. Comme le dénonce Patrick Artus, […] les banques centrales ont, à chaque crise, injecté des liquidités qui, certes, ont permis d'éviter une crise systémique mais qui n'ont fait que « donner des billes » aux spéculateurs pour mieux nourrir la bulle qui suivait. Les banques centrales ont magnifiquement joué les pompiers, mais elles avaient su excellemment préparer le feu. […]

S'ajoute à cela que jouer son rôle de « prêteur en dernier ressort » — rôle acté aux États-Unis depuis le Federal Reserve Act de 1913 – dans une économie désintermédiée, c'est-à-dire dominée par le financement de marché, nécessite probablement des armes autrement plus diversifiées et plus efficaces que celles disponibles. Comment, en effet, imaginer que quelques centaines de milliards d'euros suffiront à endiguer la défiance qui pourrait toucher la communauté financière si toutes les banques refusaient de se faire crédit entre elles ?

Olivier PASTRÉ, Jean-Marc SYLVESTRE, *Le Roman vrai de la crise financière*, Perrin, 2008.

Point méthode

- Évitez la réponse « de normand » de type « oui, mais non ».
- Repérez bien les difficultés d'une régulation de la finance mondiale.
- Illustrez la responsabilité des régulateurs eux-mêmes dans cet état de fait.

Lexique

En bleu : les notions du programme

En jaune : les acquis de première

A

Abus de position dominante : entreprise dominant un marché qui profite de cette situation pour imposer des conditions de vente déloyales : prix abusifs, accords de vente exclusifs, dissuasion d'entrée des concurrents, primes de fidélité visant à détourner les fournisseurs de leurs concurrents. Cet abus est sanctionné par la Commission européenne.

Accumulation du capital : processus d'accroissement du stock de capital.

Actif financier : un actif est un élément du patrimoine d'un agent. Un actif financier est un titre représentant ce patrimoine (comme une action).

Agence de notation : entreprise ou agence chargée de noter la qualité des emprunteurs pour permettre aux prêteurs de mesurer le risque de leurs placements.

Aléa moral : situation où un agent, non ou mal informé, ne peut pas contrôler l'action d'un partenaire qui peut en profiter (par exemple, dans un contrat d'assurance, le client, une fois assuré, peut être incité à prendre plus de risques).

Allocation des ressources : manière dont une économie utilise les ressources en hommes, capital, équipements, etc., pour produire des biens et des services. L'État peut intervenir pour modifier cette allocation des ressources soit en produisant directement, soit en modifiant la production des agents privés.

Asymétrie d'information : situation où, sur un marché, l'un des deux acteurs dispose d'une meilleure information. Cette asymétrie, fréquente, risque de compromettre le fonctionnement efficace du marché.

B

Barrières à l'entrée : obstacles que les entreprises mettent en place pour empêcher l'entrée sur le marché de concurrents potentiels. Par le biais de politiques tarifaires, de coûts irrécupérables pour les entrants potentiels, de détention de ressources rares, de restrictions réglementaires, ces barrières ont pour objectif de limiter la concurrence.

Bien public : bien ou service qui peut être consommé simultanément par plusieurs personnes (non-rivalité) et pour lequel il est impossible d'exclure celles qui refusent de payer (non-excluabilité). Son utilité collective est supérieure à son utilité privée ; pour cette raison, les biens publics ne sont pas correctement produits par les marchés.

Bilan : document comptable qui présente les ressources et les emplois d'une entreprise en éléments passifs et actifs. Il fournit une image instantanée de la situation financière de l'entreprise.

Bulle spéculative : situation où la spéculation éloigne les cours de la Bourse de leur valeur réelle.

C

Capitalisation (système de retraite par) : financement individuel de la retraite plaçant des sommes sur les marchés financiers (donc capitalisées). Au moment de la retraite, l'actif récupère sous forme de mensualités les sommes placées (son épargne) durant la période active. Ce financement est donc sensible aux performances boursières et financières.

Cartel de producteurs : situation de marché où les entreprises sont en collusion, en fixant notamment leurs prix et leurs quantités de manière coordonnée pour maximiser leurs profits communs.

Comportement mimétique : situation dans laquelle les agents économiques se copient les uns les autres faute d'information. Ce type de comportement peut générer des bulles spéculatives.

Coût marginal : coût de production d'une unité supplémentaire d'un bien par période, c'est-à-dire accroissement du coût total consécutif à la production d'une unité supplémentaire de bien par période.

Coût moyen : coût total de l'entreprise divisé par son niveau de production.

Cycle de vie (des individus) : théorie du comportement d'épargne qui considère que l'épargne dépend moins du taux d'intérêt ou du revenu que de l'âge de l'individu ; celui-ci emprunte, épargne, pendant une grande période de sa vie, la vie active, et « désépargne » de sa retraite à son décès.

D

Décloisonnement : suppression des barrières entre les différents compartiments, produits et métiers de la finance. Le décloisonnement peut être géographique (mobilité internationale des capitaux) ou fonctionnel (rapprochement entre activités bancaires, financières et d'assurance par exemple).

Déréglementation : diminution des contraintes et règles encadrant l'activité des agents économiques, notamment financiers.

Désintermédiation : situation où le financement des agents économiques passe de moins en moins par le crédit bancaire et de plus en plus par le recours aux marchés des capitaux.

Devise : monnaie nationale, comme l'euro, le dollar ou le yen. Les devises peuvent s'échanger sur le marché des changes.

Dynamique démographique : l'analyse de la mortalité, de la natalité et des mouvements migratoires doit permettre de décrire l'évolution passée et future d'une population.

E

Équilibre emplois / ressources : identité comptable entre les « ressources » d'une nation (le PIB et les importations) et la manière dont celles-ci sont utilisées, les « emplois » (consommations intermédiaires, consommation finale, FBCF, exportations, variations de stock).

Épargne : partie non consommée du revenu.

Espérance de vie : moyenne des durées de vie d'une génération imaginaire qui serait soumise toute sa vie aux taux de mortalité par âge de l'année d'observation.

État-providence : au sens large, ensemble des interventions économiques et sociales de l'État. Dans un sens plus restreint, intervention de l'État uniquement dans le domaine social.

F

Faiseur de prix : une entreprise est « faiseur de prix » (*price maker*) quand elle a la possibilité d'influencer à elle seule le prix du marché.

Fécondité : comportement des femmes et des couples en matière de procréation. La fécondité se mesure par l'indicateur conjoncturel de fécondité (somme des taux de fécondité par âge : rapport entre le nombre d'enfants nés vivants et le nombre de femmes en âge de procréer, c'est-à-dire entre 15 et 49 ans).

Financement direct : situation où les agents à capacité et à besoin de financement se rencontrent directement sur un marché.

Financement indirect (ou intermédié) : financement passant par un intermédiaire financier.

Fonction de réaction : donne la production optimale au regard de ce qu'une entreprise pense que l'autre entreprise va produire.

Fonctions économiques de l'État : définies par Musgrave, elles sont au nombre de trois : l'allocation des ressources, la distribution et la régulation.

Fonds spéculatifs : fonds de gestion d'épargne privilégiant la prise de risque par des placements spéculatifs et le recours à l'effet de levier.

Fusion-acquisition : rachat d'une entreprise par une autre que ces deux entreprises soient similaires, complémentaires ou distinctes.

G

Globalisation financière : constitution d'un vaste système financier mondial décloisonné où les capitaux sont libres de circuler sans entraves.

I

Incitations pécuniaires : système d'avantages ou de désavantages monétaires utilisé par un acteur afin d'inciter l'individu à se comporter conformément à son intérêt. Les incitations peuvent être positives ou négatives comme le système du bonus / malus par exemple dans l'assurance automobile.

Intermédiation financière : système financier dans lequel l'épargne des ménages est collectée par des intermédiaires financiers qui la prêtent aux investisseurs.

Investisseurs institutionnels (ou « zinzins ») : fonds de gestion collective de l'épargne de leurs apporteurs de capitaux. Ils regroupent des banques, sociétés d'assurance, organismes de placement collectif en valeurs mobilières (OPCVM), fonds de pension, fonds souverains, etc.

M

Marché des capitaux : marché où se rencontrent agents à besoin de financement et agents à capacité de financement. Il comprend différents marchés : marché financier et marché monétaire.

Marché des changes : marché sur lequel s'échangent les différentes monnaies mondiales (appelées devises) : dollar, euro, yen, livre, etc. C'est un marché « de gros » où interviennent essentiellement des banques et des institutions financières.

Marchés concurrentiels : marchés en concurrence pure et parfaite où se rencontrent une multitude d'offreurs et de demandeurs, et sur lesquels s'établissent un prix de marché (ou d'équilibre) et une quantité d'équilibre, la quantité offerte par les firmes étant équivalente à la quantité demandée par les consommateurs.

Marchés imparfaitement concurrentiels : situation où les conditions de la concurrence pure et parfaite ne sont pas respectées.

Marché pertinent : lieu de confrontation entre l'offre et la demande de biens et services substituables entre eux mais non substituables à d'autres biens et services. Il comporte, sur une zone géographique délimitée, tous les biens ou services dont on peut penser que les demandeurs les considèrent comme interchangeables et substituables en raison de leurs caractéristiques, de leurs prix et de l'usage auquel ils sont destinés.

Monopole : situation de marché où un unique offreur est confronté à une demande abondante. Le vendeur unique ne subit pas la concurrence d'autres producteurs, il est libre de fixer ses prix.

Monopole discriminant : pratique de discrimination par les prix effectuée par un monopole qui ajuste les prix en fonction des différentes sensibilités aux prix des consommateurs. Cette pratique différenciée des prix lui permet de capter le « surplus du consommateur », c'est-à-dire sa disposition à payer et à réaliser ainsi un profit maximal.

Monopole naturel : découle de l'existence d'économies d'échelle telles que seule une entreprise unique peut fournir tout le marché tout en étant plus compétitive que si elle avait des concurrents.

Mouvement migratoire : différence entre l'immigration et l'émigration.

Mouvement naturel : différence entre le taux de natalité et le taux de mortalité.

O

Oligopole : situation de marché comportant un petit nombre de firmes d'importance comparable. Chacune dispose d'un pouvoir sur le marché mais sait que ses concurrentes en disposent aussi. La firme peut donc influencer ses concurrents ou subir leur influence.

P

Papy-boom : choc de départ à la retraite des générations nées de 1945 à 1973. Démarré en 2005, son ampleur a jusqu'à présent été retardée par les réformes du système de retraite allongeant la durée de cotisation et conduisant au recul après 60 ans du départ de nombreux actifs.

Paradis fiscal : territoire bénéficiant d'une fiscalité faible et d'un secret bancaire élevé. Les activités y sont très peu réglementées.

Politique de la concurrence : garantit que les entreprises se livrent une concurrence loyale, fondée sur les produits et les prix, sans qu'aucune ne bénéficie d'avantages injustifiés. Il s'agit ainsi de limiter les positions dominantes sur le marché et de mettre fin à toute pratique anticoncurrentielle.

Politique industrielle : mesures prises par l'État pour améliorer ou développer la performance de l'industrie, et plus largement de l'appareil productif.

Population active : ensemble des personnes qui exercent ou souhaitent exercer une activité professionnelle.

Pouvoir de marché : capacité d'une entreprise à imposer un prix de vente élevé en raison de son poids sur le marché.

Prélèvements obligatoires : impôts, taxes et cotisations sociales perçus par les administrations publiques (État, collectivités locales, administrations de Sécurité sociale).

Preneur de prix : situation d'une entreprise en concurrence qui ne peut pas influencer le prix selon la quantité qu'elle produit.

Production marchande : production destinée à être échangée sur un marché à un prix couvrant les coûts de production.

Production non marchande : production fournie gratuitement ou à un prix nettement inférieur à son coût de production.

Prix de réservation : prix maximal que le consommateur est prêt à payer.

R

Ratio de dépendance : nombre de personnes dépendantes (par exemple les inactifs retraités) rapporté au nombre de personnes qui les prennent en charge (par exemple les actifs).

Recette marginale : accroissement de recette lié à la production et à la vente d'une unité additionnelle de bien par unité de temps.

Recette moyenne : recette totale divisée par la quantité produite.

Réglementation prudentielle : réglementation visant à éviter ou à limiter la prise de risque par les banques et agents financiers.

Régulation : ensemble des institutions, procédures et processus permettant à un système de fonctionner correctement et dans la durée.

Relation d'agence : contrat par lequel une ou plusieurs personnes (le principal) engage(nt) une autre personne (l'agent) pour accomplir une tâche, impliquant la délégation d'une partie de l'autorité de prise de décision à l'agent.

Répartition (système de retraite par) : financement de la retraite par les actifs occupés sur la base de cotisations sociales qui sont ensuite réparties entre les retraités : les actifs occupés d'aujourd'hui paient pour les actifs occupés d'hier. Ce financement est donc sensible au rapport entre les inactifs en retraite et les actifs qui cotisent.

Revenus de transfert : revenus versés par la Sécurité sociale ou l'État pour aider les ménages à faire face à des risques (chômage, maladie...) ou à des charges de famille. Ces revenus sont perçus par les ménages sans contribution directe à la production.

Risque de crédit : risque qu'un emprunteur ne s'acquitte pas intégralement d'une obligation à la date d'échéance ou ultérieurement.

Risque systémique : situation où la mise en difficulté d'une banque ou d'un agent financier risque de se transmettre à tout le système financier. La réaction des agents face à ce risque augmente la probabilité qu'il se produise (paniques bancaires, par exemple).

S

Sélection adverse : dans une situation d'informations asymétriques et insuffisantes, les agents économiques sont conduits à prendre des décisions contraires à ce qu'ils recherchaient initialement.

Solde migratoire : différence entre immigration et émigration.

Solidarité : lien volontaire ou involontaire, qui peut être privé ou collectif, entre des individus afin de s'entraider.

Stratégie de capacité excédentaire : consiste à installer plus d'équipements que nécessaire pour indiquer aux concurrents des coûts d'entrée importants et signaler sa détermination à entrer dans une compétition rude.

Stratégie de prix prédateurs : consiste à pratiquer un prix en dessous du coût de production pour éliminer le concurrent.

T

Taux d'intérêt : rémunération du capital prêté / emprunté. Il mesure le coût du crédit.

Taux de remplacement : exprimé en pourcentage, c'est la pension en euros versée à un retraité pour 100 euros de revenu d'activité qu'il touchait lorsqu'il était actif.

Titrisation : technique financière qui permet de transformer des titres peu liquides en titres liquides par l'émission de nouveaux titres adossés aux anciens.

Index

En bleu : les notions du programme

En jaune : les acquis de première

En rose : les auteurs faisant l'objet d'une biographie

A

B

C

D

E

Coordination éditoriale : Marion Martin-Suhamy
Édition : Nathalie Chevalier
Iconographie : Sandrine Fournié, Marie-Christine Petit
Conception graphique et réalisation : Sabine Beauvallet
Coordination artistique : Pierre Taillemite
Infographie : Thomas Winock
Photogravure : Irilys
Fabrication : Françoise Leroy

Crédits photographiques

Couverture...... Copyright 2012, the Nasdaq OMX Group, IMC
.... ER Productions/Corbis
.... J-C & D. Pratt/Photononstop
.... Olivier Panier des Touches/Dolce Vita/Picturetank
9-10................ © Yann Colcanopa
11 d .... Jenny Matthews/Panos-Rea
11 g .... Manfred Rutz/Getty Images
14 .... © Science Photo Library/AKG
18 .... © Axa
27 .... CPAM 33 / Source : musée national de l'Assurance maladie
28 .... *L'Illustration*
30 .... Pessin/Iconovox
32 .... Sébastien Salom-Gomis/Sipa
43-44............. © Mia Electrics
45 .... *Valeurs actuelles*
46 h .... Alain Aubert/*Le Figaro*
46 bd .... Age/Photononstop
46 bg .... Renault Communication/Renault Marketing 3D-Commerce
50 .... © Dale Everett
54 .... Livre de Poche
61 .... Pascal Sittler/Rea
62 .... Chimulus
66 .... *La Tribune* Infographie/Bloomberg via Getty Images/source : comScore
69 .... Karak
70 .... Éric Baudet /Fedephoto
77-78............. Masterfile France
79 ht .... Photo © Archives Nathan/BIS, *Le Prêteur et sa femme*, 1514, Quentin Metsys, Musée du Louvre
79 bas............ Xinhua/Zuma/Rea
82 .... BNP Paribas
95 .... Yann Colcanopa
101 .... Alessia Pierdomenico/Reuters

N° de projet: 10189708 - Imprimé en Espagne par Gráficas Estella - août 2012